盛世新管理书架
SS New Management Bookshelf

突破

中国制造业
TOC实战宝典

吕润贤◎著

人民邮电出版社

北　京

图书在版编目（ＣＩＰ）数据

突破：中国制造业TOC实战宝典 / 吕润贤著. -- 北
京：人民邮电出版社，2016.4（2016.4 重印）
（盛世新管理书架）
ISBN 978-7-115-41850-0

Ⅰ．①突… Ⅱ．①吕… Ⅲ．①制造工业—研究—中国
Ⅳ．①F426.4

中国版本图书馆CIP数据核字(2016)第034672号

内 容 提 要

　　本书第一、二章侧重从理论角度分享有关 TOC 理论的定义和基本介绍；第三章为读者演绎 TOC 理论在工业制造企业的实际应用技巧；第四章站在人性角度和企业战略高度探讨 TOC 理论在工业制造企业战略、绩效管理、经营决策等领域的价值，并总结出 TOC 在这些领域的应用规律，做到大道至简；第五章为读者分析 TOC 在社会组织的应用案例，以及 TOC 中国化的道路需要如何面对，力争为我国工业制造业提供一些可借鉴的模型与参考价值。本书适合企业家、企业总经理、副总经理、生产经理、工业工程人员、生产管理人员、车间主管等阅读与学习。

◆ 著　　　　吕润贤
　　责任编辑　冯　欣
　　责任印制　彭志环

◆ 人民邮电出版社出版发行　　北京市丰台区成寿寺路 11 号
　　邮编　100164　　电子邮件　315@ptpress.com.cn
　　网址　http://www.ptpress.com.cn
　　三河市中晟雅豪印务有限公司印刷

◆ 开本：700×1000　1/16
　　印张：10　　　　　　　　　　2016 年 4 月第 1 版
　　字数：125 千字　　　　　　　2016 年 4 月河北第 2 次印刷

定价：49.00 元

读者服务热线：(010)81055488　印装质量热线：(010)81055316
反盗版热线：(010)81055315

TOC 的思维

TOC(Theory of constraints) 是一种基于系统思维和整体流程的持续改善理论。它强调删繁就简，通过聚焦少数可能影响系统效益的"瓶颈"或"杠杆点"，找到根由和解决冲突的方法，从而使系统各部分实现均衡和保持同步运行，因此 TOC 又被称为"瓶颈问题理论"。自 20 世纪 90 年代以来，TOC 理论被引进中国，对推动中国企业的成长和管理进步发挥了积极作用。

中国企业正处在转型升级的变革时代，对大多数的中国企业家来说，对科学管理和创新理论的需求如饥似渴，并且正一步步走向应用，深入到企业管理的各个领域。从这个意义上讲，中国广大企业的 TOC 理论学习和应用也只是刚刚开了个头，还有很长的路要走，还会有更多的企业参与进来，更会涌现更多的具有自己民族特色的成功案例。

吕润贤老师是一位多年在企业从事管理咨询工作的职业咨询师，尤其是在 TOC 理论的研究和应用方面有着长期的思索和沉淀，有着自己独特的体验和感受。这次吕润贤老师把自己多年的思索和经验集结成册，在这里与读者交流和分享，这对企业家和研究者都是一件幸事。

理论是用来指导实践的，而科学的理论又是经由众多实践来证明和完善的，未知的实践往往比理论本身更具有挑战性，更加精彩。

李赤泉

中国科学技术咨询服务中心原总工程师

中国发明协会发明方法研究分会和创新方法研究会

高新技术企业推广分会常务理事

作者
的话

自改革开放以来，大量中国企业一直在学习国外的先进管理技术，先后引进的 ISO9000、Lean（精益生产）、6Sigma（六西格玛）、ERP（企业资源计划）等技术得到了广泛的推广，对中国企业的快速发展起到了非常大的促进作用。

作为与 6Sigma、Lean 齐名的管理改善工具，TOC（瓶颈理论）已经在世界多个国家和地区得到了广泛的应用，并且也取得了很好的效果，美国运营管理协会（APICS）研究报告显示：TOC 的改善效果是 6Sigma 的 20 倍，是 Lean 的 9 倍！许多企业在实施 TOC 系统改善后，效果非常显著。

1. 交期缩短 70%；

2. 准交率提升 44%；

3. 库存降低 49%；

4. 综合收益提升 63%；

5. 净利润提升 116%[1]。

然而，在世界 500 强中得到广泛应用的 TOC 在中国的推广碰到了很大阻力，这么好的管理工具却不被中国的企业所接受，这无疑是令人惋惜的。作为一名管理咨询工作者，亲身实践的上百家企业的咨询履历更是深深地刺痛了我：不少企业家和公司高管还在使用大量错误的旧有观念来指导工作，因循守旧，人云亦云，重复大量效益低下的行动，对客户的承诺难以遵守契约，对员工的基本福利难以

1　[美]吉罗德·肯德. 可行愿景. 北京：电子工业出版社，2007.

保障，对周边社区的回报极其的少，对股东的回报当然也好不到哪里去。我们知道，中国经济是否可以强大起来，很大程度上取决于中国民营企业的健康成长。如果企业没有创新的观念，没有足够的创新能力，企业的未来之路还能坚持多久？

　　TOC 是建立在破除人们对世界事物认知的四大错误假设的基础上的，是反"常识"的。在我的咨询工作中，常碰到不少企业界高管在接触 TOC 后，其第一反应是"这可能吗？我以前从未这样想过，这是真的吗？"而我们的年轻同行中，那些没有咨询顾问经验的人在学习 TOC 后，会觉得茅塞顿开，甚至唯有 TOC 才能解决企业一切问题的超爽感觉，一些人会说自己是 TOC 的"信徒"，在不少的 GC 群（TOC 讨论群）或研讨会经常会看见他们为 TOC 的某个观点争得不亦乐乎。遗憾的是，不少仅仅会 TOC 逻辑推理的咨询老师在到了企业咨询现场后，才发现问题的实际情况和他所学到的理论有些不同，自己并不能给客户提供一个合格的解决方案。是什么原因导致他们没有成功地完成咨询案呢？环境不同？企业个性不同？自己不会苏格拉底式的提问？无法找到核心问题？或是自己还没有掌握到 TOC 方法的精髓？当我发现一些这样的朋友意识到自己纸上谈兵、无从下手的时候，我感到有些遗憾，有什么方法可以帮助到他们呢？当然，一些有着丰富管理咨询经验的老师在学习 TOC 后，因为原来固有的思维模式和自己早已掌握的多个咨询方法和管理技术，他们会认为 TOC 只是他们解决不了企业问题后不得已而为之的一种方法，又或只是他们改善工具的一个有益补充而已。

　　于是，市场上有些咨询公司打着 TOC 的旗号来告诉企业家，自己可以为企业带来持续超额倍增的利润，实际上却还是大致以原来的工作思维和咨询模式来服务企业，也难怪企业家们对 TOC 的印象停留于两个层面：一是来自美国，二是好像很厉害，但和我的企业实际似乎距离有些遥远。

　　但在中国当今的咨询行业，究竟有多少家奉行 TOC 的咨询机构为企业真正带来持续超额倍增的利润，甚至达到了 TOC "可行愿景" 项目提到的 4 年内其利润将达到当年营业额的具体目标？又或者那些不是采用 TOC 技术的咨询机构，每每和客户签订一个价值 40 万元、80 万元、200 万元、1 000 万元、2 000 万元的咨询单价辅导案之后，是否给企业带来了超过这个咨询费用的有效产出（至少毛利增长也要多过企业支付的咨询费用吧）？

目前市面上关于 TOC 理论的翻译书籍如《目标》《仍然不足够》等虽然以浅显易懂而著称，而事实上即使是专业的咨询顾问学习这些书籍时也会感到非常吃力，更别说那些整天忙于企业事务的企业家和企业高管了。

事实上，TOC 理论的开创者高德拉特博士也承认：100 个读过《目标》的人中绝大多数都会说这本书很好，大概一两个人会付诸实践，成功的人就更不用说了。

现在的市面上一直没有一本真正的有案例支持、浅显易懂、切实立足于中国实情的 TOC 理论在企业如何落地的书籍。作为一个一直和中国民营企业共同成长，有着十几年咨询经验的老顾问，多年来我一直有一个愿望，那就是能为中国企业的崛起贡献一点自己的微薄之力，而自己最能提供帮助的莫过于将自己的才学、多年的实战咨询经历分享给还在成长路上的企业家们。我想，将适用于众多企业的 TOC 理论结合中国（或是大中华地区）企业管理创新和变革、持续改善的真实案例，汇聚成一本企业家、高管都能看得懂、用得到、有实效的 TOC 理论书籍，那对 TOC 理论在中国的有效传播，对中国企业的健康成长无疑是一项积极有意义的工作。

本书以我经历过的企业咨询案例为基础，通过讲述咨询老师如何运用 TOC 理论解决企业问题的实例，为大家逐一讲解 TOC 的各个部分的知识在企业创新和改善中的有效应用，以及如何利用 TOC 思考程序和方法去探究企业的目标、企业核心问题、企业的变革成长之路。

不仅如此，我结合自己多年的咨询经历，将来自美国的 TOC 理论和中国企业实际相结合，采用系统思考的方法，创造性地提出了系统性的管理改善方法，业界称之为 TOC 中国版（瓶颈管理 TOC2.0）。借高德拉特博士的一句话——"TOC 需要得到持续发展"，期望读者以这本书作为基础，不断创新，将 TOC 的科学精神继续发扬光大。本书所注明案例为我们咨询团队内部分析资料库提供，为保护企业隐私，均采用英文字母替代企业真实的品牌名称，请读者予以谅解。

本书第一章、第二章侧重从理论角度分享有关 TOC 理论的定义和基本介绍，以及该理论的基本思考原理；第三章侧重将我们的咨询案例和该理论进行有机结合，为读者演绎 TOC 理论在各个企业界的实际应用技巧；第四章侧重站在人性角度和企业战略高度探讨 TOC 理论在企业战略、绩效管理、经营决策等领域的价值，并总结出 TOC 在这些领域的应用规律，做到大道至简；第五章为读者分析 TOC 在社会组织的应用案例分析，以及 TOC 中国化的道路需要如何面对，TOC 如何从 1.0 版本升级为 2.0 版本；我们期待此理论继续得到各界专家学者的关注和探究，对真理的追求应该永不停止……

希望这本书能成为一本企业家、企业高管、TOC 初学者都能读得懂的书，打破TOC知识在中国的传播瓶颈，为广大中国企业的持续茁壮成长贡献绵薄之力。

TOC 的思考方法不仅能对企业的运营带来革命性的变化，对人生的改变也会起到积极的作用，不少学习 TOC 的朋友把 TOC 的方法和工具应用在自己的生活中，也获得了一些特别的改变。若本书可以给你的工作和生活带来一丝意想不到的惊喜，则我甚感安心矣！

如果因为编著或其他原因导致书中有些瑕疵之处，还恳请您通过出版社回馈给我，以便后期更正。

谢谢您阅读本书，恭喜您的明智之举。

目录

第五章　TOC 无处不在

后记

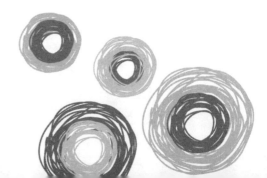

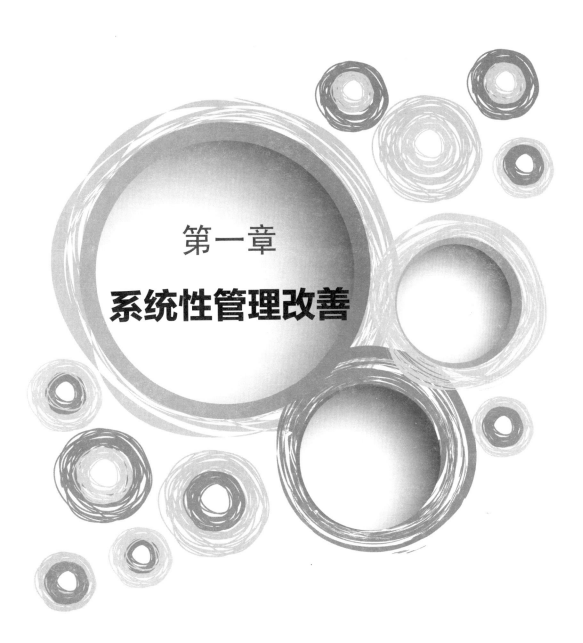

第一章

系统性管理改善

什么是 TOC（Theory of constraints）？

TOC 是由以色列物理学家高德拉特博士发明的，提供一套基于系统方式的整体流程与规则，去挖掘复杂系统固有的简单性，通过聚焦于少数"实体的"和"逻辑的""杠杆点"，使系统各部分同步运行，从而达到系统整体绩效持续改善的理论。

简单地说，TOC 理论就是为了达到企业某个特定的目标（包含但不限于持续盈利、提高准交率、缩短交货周期、提升品牌等目标），将企业看成一个整体，经过系统思考、常识加上简单的逻辑推理，找到制约企业达成目标的瓶颈或核心问题，通过聚焦于瓶颈或核心问题以达到持续改善企业整体绩效的理论。

---

1. 企业的瓶颈实质上是观念瓶颈

在 TOC 理论看来，一个具体的企业往往存在 4 个层次的瓶颈：市场瓶颈或生产瓶颈、能力瓶颈、政策瓶颈、观念瓶颈。

一般来说，企业的目标就是实现持续、超额的盈利。据统计，超过 70% 的企业处在供大于求的状态，市场限制企业获得更大利润，我们将此称作企业有市场瓶颈；而将近 30% 的企业处在供小于求的状态，生产能力不足从而制约了企业获得更大的利润，我们称企业有生产瓶颈。

企业之所以有市场瓶颈或生产瓶颈，是因为企业在市场或生产方面存在着能力不足，企业存在着能力瓶颈。

TOC 咨询界有一句名言：**有什么样的考核方式，就有什么样的行为方式，你用不合理的方式考核我，也就不要怪我的行为太疯狂。** 企业的政策如果不能真正激发员工做对企业有益的事情，那么后果可想而知。假设企业能力瓶颈是由企业的不恰当的政策所导致的，我们将此称之为政策瓶颈。

企业家的思想观念和价值取向，企业家个人思想觉悟的高低，意识的好坏、对错，以及企业家自身对于企业经济效益观念、人才使用/储备观念、企业文化观念以及企业拓展观念与社会效益回馈观念的审视与认知将直接左右企业的政策导向，企业的政策瓶颈是由企业家的观念局限所造成的，我们称之为企业的观念瓶颈。

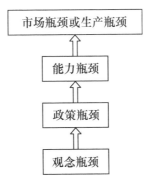

图 1-1　企业的瓶颈形态及内在的逻辑关系

如图 1-1 所示，**企业的观念瓶颈决定了政策瓶颈，政策瓶颈导致了能力瓶颈，能力瓶颈导致了市场瓶颈或生产瓶颈**。限制企业进一步盈利的瓶颈从表面上看是市场瓶颈或者生产瓶颈，但归根到底是由企业的观念瓶颈所造成的。如果企业能打破观念的束缚，制定相应的政策，提升能力，就一定能打破瓶颈，极大地提升企业的盈利能力。

20 世纪初叶，汽车工业完全是手工作坊型的，每装配一辆汽车要 728 个人工小时。在 1902 年，美国汽车产量只有 9 000 辆，远远不能满足巨大的消费市场的需求。

1913 年，福特应用创新理念和反向思维逻辑提出在汽车组装方面，"让零件向人走来，而不是人向零件走去"，工人只用站在传送皮带旁的固定位置上"守株待兔"，不假思索地重复一个最简单的动作即可。正是这种生产观念的改变，使得汽车的生产效率不再依赖于工人的技术熟练度，所有多余环节和无效劳动被压缩，第一条流水线使每辆 T 型汽车的组装时间由原来的 12 小时 28 分钟缩短至 10 秒钟，生产效率提高了 4 488 倍。

福特公司的市场份额从 1908 年的 9.4% 上升到 1911 年的 20.3%，1913 年的 39.6%，到 1914 年达到 48%，月盈利 600 万美元，在美国汽车行业占据了绝对优势。

第二次世界大战以后，社会进入了一个市场需求向多样化发展的新阶段，相应地要求工业生产向多品种、小批量的方向发展，单品种、大批量的流水生产方式的弱点就日渐明显了。

1950 年，日本的丰田英二考察了美国底特律的福特公司的轿车厂。当时这个厂每个月能生产 9 000 辆轿车，比日本丰田公司一年的产量还要多。但丰田在他的考察报告中写道："那里的生产体制还有改进的可能。"丰田英二和他的伙伴大野耐一进行了一系列的探索和实验，根据日本的国情，提出了解决问题的方法。经过 30 多年的努力，终于形成了完整的丰田生产方式，使日本的汽车工业超过了美国，产量达到了 1 300 万辆，占世界汽车总量的 30% 以上。

丰田生产方式的指导思想是，**通过生产过程整体优化，改进技术，理顺物流，杜绝超量生产，消除无效劳动与浪费，有效利用资源，降低成本，改善质量，达到用最少的投入实现最大产出的目的。**

20 世纪 80 年代以后，在经济发展下降的情况下，整个市场上对需求本身的预期及对待资金的要求均发生了变化，生产企业面临巨大的困境，甚至发生资金链断裂，被迫倒闭。丰田生产方式（TPS）在美国及欧洲的水土不服促使人们去寻找新的理论来适应新的经济环境。

TOC 首先是作为一种制造管理理念出现。TOC 最初被人们理解为对制造业进行管理、解决瓶颈问题的方法，后来几经改进，发展出以"产销率、库存、经营成本"为基础的指标体系，逐渐形成为一种面向增加产销率而不是传统的面向减少成本的管理理论和工具，并最终覆盖到企业管理的所有职能方面。

TOC 理论在很多企业中得到了实际应用，其中不乏福特公司等名列全球500 强的企业。这些企业通过具体实践，总结出了各自应用领域的具有创新性的实证方案。这些领域涉及企业战略方向的设定、生产、分销、营销和销售、项目管理等各方面。

2. 勇敢地挑战基本的假设

从福特流水线到丰田生产方式（TPS）再到 TOC，都是以增加产品的流速从而提高企业的产出为指导思想。随着市场环境的改变，观念瓶颈的打破促使了新的理论的诞生，新的政策被制定，企业能力得到提升，生产瓶颈和市场瓶颈被打破，企业取得了突破性发展。

那么，**如何打破观念的瓶颈呢？答案是挑战基本假设。**

高德拉特在《目标》这本书的前言中写道："无论在什么时候，科学知识所代表的，都只不过是我们目前所知的。我不相信世界上有绝对的真理，我恐怕相信绝对的真理反而会阻碍我们追求更深的理解。""科学谈的不是大自然的奥秘，甚至真理、科学只不过是我们用来尝试推敲出基本假设的方式，透过直截了当的逻辑推演，这些假设能解释许多自然现象为何存在。"企业管理定律其实也可以说是我们在企业管理方面推敲出来的假设方式，只要有一个企业现象不能被某条管理定律所解释时，这个假设（管理理论）就立刻被推翻了，推翻这个假设不一定代表假设已无效，只是提示我们需要找出另一个有效的假设而已。管理学的进步实质上就是挑战一个旧的假设，并找到了更好的假设代替。

在 19 世纪初，人们普遍接受如下管理理念：

（1）生产效率依赖于工人的技术熟练度；

（2）要有效运作，每个工人、每个工作站都必须用百分百的时间在工作。

福特的流水线作业完全颠覆了这两条定律。

流水线作业使产品的生产工序被分割成一个个环节，工人间的分工更为细致，产品的质量和产量得到了大幅度提高，极大地促进了生产工艺过程。工人只需要专注于某个工序，而不需要对整个流程全部熟练掌握。

福特模式的特点是聚焦于产品在车间的流动，流水作业线上的工人要做的只是保持产品以设定的速率流动。多生产是不允许的，因为那样会产生库存，占用空间，影响产品流动的速度。

福特模式是一种单一品种、大批量、精密分工、流水线生产的生产方式，当顾客的需求发生变化时，福特的这种优势也变成了阻止福特继续发展的劣势，使得靠"生产导向型发展"的道路越走越窄。当其他汽车公司发明了更多适用于顾客需求的其他车型时，福特的霸主地位便一去不复返。

20世纪50年代，日本的汽车市场需求是款式要多但每款的需求数量少，福特模式肯定行不通。为了应对新的市场状况，大野耐一开创了丰田生产方式（TPS）。同福特流水线一样，丰田生产方式（TPS）的主要目标也是加快流动——如何缩短生产所需时间：**通过看板系统限制每种零件允许累积的数量来防止过度生产，以保证产品的流动性。**

当时非常流行的管理定律是"经济批量"：大批量生产，尽量减少换线次数。如果遵从这个定律的话，无疑等于宣判了大野耐一所有在多品种、小批量的情况下缩短订单所需时间的努力的死刑。大野耐一勇于挑战"经济批量"这个假设，统领一系列行动来开发及实施缩短转换时间的技术，最终令丰田所有的转换都能在几分钟内完成，解决了因为换线时间过长，频繁换线造成车间有效产出大跌的弊病。

丰田生产方式（TPS）所面对的是汽车生产环境，要求生产环境是稳定的，它要求在3方面得到稳定。

第1个方面，实施精益生产需要花不少时间，每条生产线起码需要6～9个月，必须要保证在相当长的一段时间内，工序及产品不发生重大变化。

第2个方面，要求在一段时间内的市场需求相当稳定，即对某种产品的需求是平缓的，没有很大波动，因为TPS要求每个工作站之间永久放置每种产品的容器和零件。

第3个方面，要求订单给各种资源的总工作量负荷是稳定的，因为丰田的

订单是相当稳定的，丰田必须建立一个程序来接订单及对交货期作出承诺，以严格控制产品组合从这个月到下个月的变化。

事实上，很多企业都不具备丰田公司这样的稳定性。首先，产品及工序的不稳定性存在于绝大多数行业，特别是在现在产品工艺日新月异的情况下，某些电子产品的寿命甚至不到一年；其次，很多产品的需求是零散的，也许某种产品的每年的需求量很大，但只有一张订单并要求在很短的时间内交货；最后，像丰田这样能影响客户的大企业只是极少数，绝大多数企业的订单还是由市场决定的，订单是波动的，也许这个工作站这个星期的负荷比产能低，而下个星期的负荷却比产能高。

福特流水线从空间上限制过度生产以保证单一品种生产的流动性，TPS 则通过库存的限制过度生产来保证相对稳定环境中多品种少批量的生产的流动性，在不稳定的环境中，我们应如何保证生产的流动性呢？ TOC 给的答案是时间——**要防止过度生产，就不应该过早发放物料。**

以时间为基础不仅更接近直觉，更容易被车间工人所接受，以时间为基础的机制控制的是系统中的整体工作量，而不是限制两个工作站之间的工作量。因此，在不稳定的环境中流动所受到的冲击也会低得多。

3. TOC 理论中国化

20 世纪初，支撑美国工业化成功的是泰勒的科学管理和福特的标准化及流水线生产；第二次世界大战后，日本的崛起则得益于丰田的看板管理和精益生产方式。而今，中国企业正在努力探寻能够支持中国企业持续健康发展的中国管理模式。

　　泰勒的科学管理、福特的标准化、丰田的看板管理等书籍曾一度充斥着中国企业管理者的办公桌。在改革开放的 30 年当中，可以说前 20 年这些思想都是炙手可热的。因为它们符合当时的企业发展需求，即效率提升与成本控制。

　　随着中国加入 WTO，外向型经济模式逐渐发生逆转，之前的管理理论已经不能完全适应日新月异的市场环境。大家迫切地希望能摸索出一套能使中国企业在自己的土地做到基业长青的管理模式和管理理论。正如马克思中国化给中国带来翻天覆地的变化一样，我也希望能通过 TOC 理论中国化为中国企业的基业长青做出自己的贡献。

　　作为在世界 500 强企业中得到广泛应用并取得了显著效果的 TOC 理论，在中国的应用虽然不能算是步履维艰，但也只能说是差强人意：TOC 理论对生产的改善效果显著，但在其他方面鲜有成功的案例。

　　为什么会出现这种情况呢？很多人都只关注于成功理论、解决方案以及一些成功的案例，并期望按部就班就能取得相应的改善，却忽视了国内外社会、经济环境的不同。**一个理论的精髓并不在于其提炼出来的管理定律以及解决方案，而在于理论思想以及思考过程，所有的管理定律和相关的解决方案都是在管理思想的指导下结合当地的实际通过逻辑思考得出的。**跳过理论思想和思考过程、不结合自己的实际直接套用管理定律和解决方案是无法取得令人满意的效果的。

　　人们假设只要是以人为主导的领域，都是相当复杂且有不确定因素存在（很难预测结果），因此使用严谨因果逻辑关系来解问题是不可能的，清官难断家务事就是个最典型的例子。与此形成鲜明对比的是，TOC 理论认为即使在以人为主导的环境，也可以让个人与组织应用严谨因果逻辑关系来得到显著的改善。自然科学的概念和方法，都可以应用于社会科学，包括管理学。

TOC 理论认为：

（1）面对纷繁复杂的管理问题，甚至我们日常和学习中碰到的各种矛盾，其实都可以通过构建冲突图，打破构成冲突的假设来解决问题。人们之所以被冲突所困扰，那肯定是因为没从共赢的角度来看问题，只有共赢才是长久的，否则冲突是不可避免的。

（2）因为基于逻辑思考来考虑管理问题，所以，在 **TOC** 理论看来，人们表现不佳并不意味着本性不好，其原因可能是多方面的，因此要给人以尊重。

（3）任何系统的业绩都受制于它的制约因素（强调集中与聚焦，必须区分核心问题与一般问题），局部改善并不意味着整体改善（局部优化不能用来做决策依据或个人行为的准则，所有局部行动必须有益于系统整体业绩）。

（4）会计成本观是现代企业的头号大敌，企业最终的目的是获得盈利，而不是降低成本，降低成本的目的是为了使企业在获取持续盈利时的代价得以控制或降低。因此，**TOC** 理论提出了著名的"有效产出"概念。

（以上四点将在第二章中进一步阐明）

正如中国共产党将马克思主义的基本原理和中国革命与建设的实际情况相结合，从而得出适合中国国情的社会主义革命和建设道路，实现了马克思主义中国化一样，TOC 理论中国化也不能照本宣科全面照搬 TOC 理论在欧美的成功经验，而应该提炼出 TOC 理论的指导思想和思考方法这些"活的灵魂"，并与中国的实际相结合形成有中国特色的 TOC 理论，进而来指导中国企业的管理改善。

4. 企业的本质及目标

➕ 企业的本质

科斯认为：企业是价格机制的替代物，企业与市场是两种可以互相替代的资源配置方式。降低交易成本即节约为了达成协议或完成交易所需耗费的经济资源，是企业存在的根本原因。

张五常则认为：企业是合约选择的一种形式，他把企业理解成为了节约交易成本而选择的一种合约形式。

阿尔钦和德姆塞茨认为：企业是一种团队生产，通过团队式的合作生产可以提高生产效率，通过观察或确定团队成员的行为来估计边际生产率是经济的。

➕ 企业家为什么要经营企业？

企业家是什么样的人？在一些人的眼里，企业家就是资本家、剥削者的代名词，大企业家是奸商，小企业家是个体户；在另一些人看来，企业家简直就是不可理喻的"动物"，都赚了几辈子花不完的钱了，还在那里起早贪黑地瞎折腾。总之，企业家就是那群与众不同的人。

企业家"Entrepreneur"一词是从法语中借来的，其原意是指"冒险事业的经营者或组织者"，企业家就是那群天生的冒险家。熊彼特认为：企业家经营企业的动机，固然是以挖掘潜在利润为直接目的，但不一定出自个人发财致富的欲望。企业家最突出的动机来源于"个人实现"的心理，即"企业家精神"。

"企业家精神"包括以下内容。

（1）建立私人王国： 企业家经常"存在有一种梦想和意志，要去找到一个私人王国，常常也是一个王朝。"对于没有其他机会获得社会名望的人来说，它的引诱力是特别强烈的。

（2）对胜利的热情： 企业家"存在征服的意志；战斗的冲动，证明自己比别人优越的冲动，他求得成功不仅是为了成功的果实，而是为了成功本身。""利润和金钱是次要的考虑，而作为成功的指标和胜利的象征才是最重要的。"

（3）创造的喜悦： 企业家"存在有创造的欢乐，把事情做成的欢乐，或者只是施展个人能力和智谋的欢乐。这类似于一个无所不在的动机——人们在工作中寻找困难，为改革而改革，以冒险为乐事。"企业家是典型的反享乐主义者。

（4）坚强的意志： 企业家"在自己熟悉的循环流转中是顺着潮流游泳，如果他想要改变这种循环流转的渠道，他就是逆潮流游泳。从前的助力现在变成了阻力，过去熟悉的数据，现在变成了未知数。""需要有新的和另一种意志上的努力……去为设想和拟订出新的组合而搏斗，并设法使自己把它看作是一种真正的可能性，而不只是一场白日梦。"

➕ 企业经营的目标

企业一般每年都会设定自己的经营目标：如扩大市场占有率、扩大生产规模、提升品牌，等等。但仔细想想，这些"目标"真的是企业家起早贪黑所追求的吗？企业到底因为什么而得以持续存在？我们看到以下企业——倒下：

三洋、柯达、诺基亚、摩托罗拉、三株，等等。还有一些企业，比如索尼，和破产有关的传闻一直不断。

怎样的企业才可以持续经营下去，《基业长青》的作者列出了一些历史悠久的企业长青的密码。其中，有一条极其关键，那就是："不能以利润最大化为首要目的。赚钱不应该是唯一的，公司应追求包括赚钱在内的一组目标。"也就是说，企业经营的最终目的是包括盈利并且能持续盈利的一组目标（企业盈利的同时必须关注社会责任），而且，持续的盈利是企业可以持续经营的物质基础，是企业追求的终极核心目标。

✚ 那么怎么样才能保证企业持续盈利呢？

多年咨询顾问的经验告诉我，要实现这个目标我们必须做到如下两点。

第一，我们要有持续开发、服务客户并为客户创造价值的能力。不仅最终的消费者是我们的客户，整条价值链上的供应商、经销商、终端门店等也应该是我们开发、服务的对象。如果我们能整合整个价值链上的资源，我们必将事半功倍。

第二，我们要有持续开发、服务客户并为客户创造价值的人。我们通过招聘及培养人才来找到合适的人，并通过基于全局的绩效考核机制来鼓励他们持续做对企业和客户关联方有益的事。

5. 系统性管理改善方法（瓶颈管理 TOC2.0）——力助企业持续盈利

我们已经明确了企业的最终核心目标是实现持续超额的盈利，但是，在其前进的道路上总有这样那样的坎坷和困难，这就不得不提及为企业解决困难的专业机构——管理咨询机构。那么，企业找管理咨询公司的最终目的是什么呢？

当前，我们发现，不少企业家这样找咨询机构：如果感觉企业的销售有问题，就去请品牌营销的咨询师；感觉生产跟不上销售，就去找生产方面的顾问；感觉物流不畅就去找物流方面的咨询师；感觉网络是个好的销售渠道，就去找网络销售方面的咨询师……

企业家花钱请咨询师来企业，花费精力、物力，最终的目标难道就只是为了提升品牌、提升销售、改善物流？肯定不是，我们发现不少咨询项目花费了大量的时间、精力、资金等投入，但企业的有效产出（或毛利）没有什么变化，这样的咨询案子操作下来，企业劳民伤财、一无所获；更有甚者，有些企业在不科学的咨询过程中悄悄丧失了本该属于企业的黄金机遇。为此，针对前面的问题，显而易见的答案：**企业请管理咨询机构的最终目标是让企业赚更多的钱，或者说是让企业持续超额地盈利，**即使是一些以战略见长的咨询项目也必须为企业长远的持久获利能力而策划及有效实施。当前，也有一些人把咨询机构比作那些广告中说的"头痛医头，脚痛医脚，包治百病，绝对有效"的江湖郎中，对其不够信任。一个专业的具备职业操守的咨询机构当然不是什么所谓的江湖郎中，一个专业的机构，除了具备良好的职业操守外，最起码要先弄清楚企业出现不良反应的问题是什么，而这个问题绝对不是表象问题，这个问题应该是导致企业不良现状产生的本质核心问题，本书在后面的章节将详细阐述如何简单、科学地找到企业产生这样那样不良反应的核心问题。不过，找到核心问题只是解决问题的第一步，如何就核心问题找到该问题产生的机理呢？如何透过现象看本质？如何用最省钱、最省力的方式把问题解决，甚至在解决问题的基础上令该企业百尺竿头更进一步？我们相信，这正是一个真正的专业咨询机构的社会价值所在。专业管理咨询机构的出现正是为了帮助企业获得持久盈利的能力，那么，咨询机构如何帮助企业去持续改善以达到持久获利的能力呢？

我们一直有这样一个假设：一家企业的效率的提升等于各个部门效率提升之和，所有部门的成本的降低之和等于全公司成本降低之和。这就是典型的加法原则。但这样做是否真正能达成当初的期望呢？过去的许多咨询案例表明，这样的思维会导致大量的问题出现：企业真正的核心问题没有找到，部门间的不配合现象依然大量存在，企业的利润和有效产出在咨询项目完成后并没有什么变化，到底问题出现在哪里呢？我们认为：正如一串链条的强度取决于其最弱的一环，一条管道的流速也是由其最窄的截面所决定一样，**一家企业的盈利能力也是由企业这个系统中最弱的一环所决定的**；如果企业在改善行动中没有聚焦到其最薄弱的环节，那么即使花费了很多的人力、物力、财力做改善，最后的有效产出是不会有什么变化的，这一点可以从本书的大量案例中得到验证。

要提高企业的盈利能力，我们不能孤立地分析和改善企业的各个部门，而应该将企业作为一个整体系统来对待。我们只有系统地分析出企业最弱的一环（我们称之为影响企业产出的瓶颈），找到造成瓶颈产生的核心问题本质，并找到解决方案，最大限度地改善瓶颈的业绩表现；不仅如此，还需要确保其他部门也要尽力配合瓶颈部门提高产出，甚至打破原来的瓶颈对有效产出的约束，确保企业持续按照这个思路改进自身。这一个过程我们称之为系统性管理改善（SMP，System Management Promotion），咨询界称其为"瓶颈管理（TOC2.0）"。后面的章节我们将会通过科学的逻辑来阐明，企业的管理咨询和改善应该如何科学有效地去策划和实施。

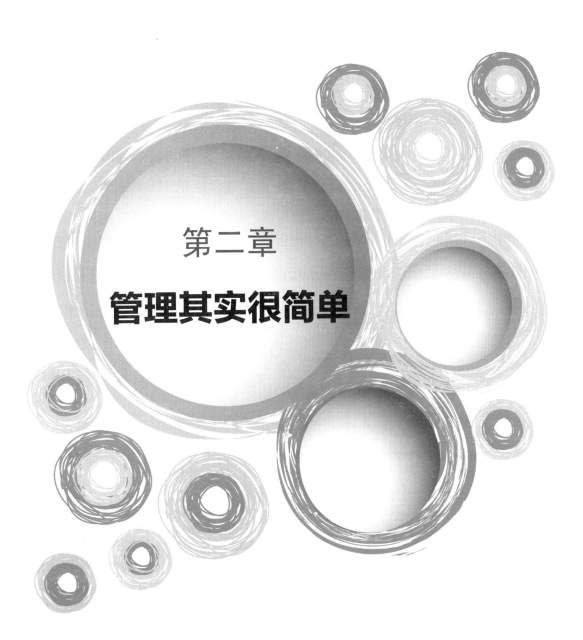

第二章

管理其实很简单

1. 挑战固有的观念，你可以做到

在过往十几年的咨询经历中，和我对话的企业家或企业高管过千人。在交流中，这些企业高层或多或少地流露出以下信息。

（1）企业管理是门复杂的学问，因此需要不断地学习，集众家之长，结合企业的实际情况才能管理好企业。但即使我如此好学，MBA、培训能上的都上了，管理企业时还是觉得力不从心。一定是我的知识储备还不够，还需要加倍努力学习才行。

（2）企业管理真不是人干的事情，每天就像在走独木桥，稍有不慎就会粉身碎骨。

（3）销售那边说快到旺季了，要加紧备货，可财务告诉我，目前的仓储费用已经使得产品的毛利所剩无几，减少库存是当务之急，到底该加大生产还是减少生产呢？旺季缺货对企业的损失太大了，还是加紧备货吧，等淡季的时候再减少生产，减少仓储的费用吧。

（4）最大的经销商又来逼宫了，说再不提高返点和优惠政策就一拍两散。说实话，公司已经给了他最大的让步了，可他为什么那样贪得无厌？换掉他似乎是个好主意，可那等于公司主动放弃了 50% 以上的市场。这家经销商是我们一手扶植起来的，现在却反过来要挟我们。好吧，我自己亲自去一趟，看能不能以最小的代价搞定这件事。退一步海阔天空，希望对方也明白这一点。

（5）又有四五个年轻人要求加薪，不加薪水的话就辞职走人。如果他们走了，公司的运营难免会受到影响，必须要留住他们。可公司的薪资结构是不能轻易打破的，如果给他们开了先河，那遇到以后也要加薪的员工，我们该怎么应付？为了公司的稳定，还是和他们谈谈待遇的问题吧。薪资结构、制度就是为打破而制定的。以后的麻烦？等来了再说吧。

（6）我们公司的环境、薪资、福利都是一流的，可员工们为什么还是出工不出力，牢骚满天？难道他们不知道企业的发展和他们的前途休戚相关吗？

（7）作为一个管理者，我已将尽职尽责做到了极致，企业之所以发展得不理想，我要负一部分责任，但主要还是因为员工的问题。巧妇也难为无米之炊，至少我是问心无愧的⋯⋯

为什么会有这样的烦恼呢？在咨询过程中，我们发现，不少企业高层都持有如下观念。

（1）我们相信企业管理甚至现实世界是复杂的（涉及各种专业），因此需要寻找复杂的解决方案，去解决复杂的问题。如企业管理是门复杂的学问，需要多学习才能更好地管理好企业。

（2）在工作中发生各种冲突是必然的，能做到最好的情况是通过沟通、协调等寻找最佳妥协解决方式，如企业和经销商的利益冲突、企业和员工的冲突、企业的销售业绩和成本控制之间的冲突等，是企业必须要面对的问题，这些问题我们只能通过谈判、妥协才能解决。学会妥协是一个人成熟的主要标志之一。

（3）发生问题时，人们普遍都有归罪于外的倾向，责不在我。一旦没有达到我们所预期的效果，我们会本能地去责怪别人，认为是别人的不对才导致事情变得如此糟糕。

（4）我们认为自己已经做到了极致，想再改善得好一点似乎有些得不偿失。尽管我们肯定还有改善的余地，但效果肯定会越来越不显著。

今天，如果有人告诉你，以上 4 个管理观念其实是错的，你就是因为一直被这 4 个观念所束缚了才会有那么多本来不必要的烦恼，你会怎么想呢？

➕ 挑战 4 条错误的管理观念

让我们来看看第一条：**世界是复杂的。**

首先我们来定义复杂和简单。假设有一个系统 A，一个系统 B，如图 2-1 所示。

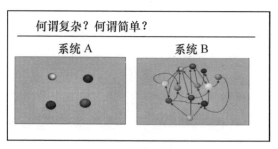

图 2-1 复杂和简单

你认为是系统 A 复杂，还是系统 B 复杂？

通常的反应，你是否会觉得系统 B 比较复杂？因为系统 A 只有 4 个因子，而系统 B 有 12 个因子。是这样的吗？

再仔细看看，系统 A 中的 4 个因子是毫无联系的，要使得 4 个因子都动起来，我们需要分别对 4 个因子用力，而系统 B 中的因子是相互联系的，只要对最下面的一个因子用力，就能推动其他所有因子的运动，使整个系统都运行起来。

系统的复杂到底是以系统内因子的多寡，还是以推动系统运行需要的着力点的多寡来判断呢？

物理学家牛顿提出固有简单性，认为对某一主题的不同问题，系统地问"为什么"，这些不同的问题会有相同的更深层的原因所造成——造成问题的因会收敛而得到根因。透过因果逻辑分析建立逻辑图，可以找到造成问题的根因或核心问题。

依据牛顿的理论，我们所处的世界其实就是系统 B——极其简单的世界。在这个世界里，所有的事物都是普遍联系的，无论是事物之间还是事物内部，整个世界是一个相互联系的统一整体。

如果我们认为世界就是系统 B，认为世界是简单的，那么，我们就可以得出以下结论：

（1）在现实的系统里，我们观察到的问题其实是由一个较深共因所造成的症状而已；

（2）通常，在系统里存在着一个会造成许多症状的单一根源的原因；

（3）知道根源的因，我们就知道应精准地聚焦于何处做改善才可以得到最大的整体效益，如此系统就变得很简单。

中国古代先贤早已用至简至善之语言描绘出事物的本质，老子就是其中的杰出代表，中西方的文化在此可以交融一体。"大道至简"出自于老子的《道德经》，意指大道理是极其简单的，简单到一两句话就能说明白。一门技术或一门学问，弄得很深奥是因为没有看穿其实质，搞得很复杂是因为没有抓住程序的关键，这和西方的牛顿所指是否有异曲同工之妙呢？

企业的管理何尝不是如此？那些成功的企业家如马云、史玉柱、王石，如果用复杂的方法去管理企业、去解决问题，整天焦头烂额。那么，他们怎么会有时间到处去讲课、分享、传授他们的企业管理思想和成功经验呢？

一个人生病了，有发冷、腿酸、背痛、咳嗽、发烧等症状。如果我们以多穿衣服来解决发冷、以阿司匹林缓解腿酸、以按摩减轻背部疼痛、以止咳糖浆止咳、以退烧药缓解发烧，如图 2-2 所示，一般情况下病情反而会加重。医生通过一系列检查，发现原来是肺炎在作怪，病人服用抗生素后所有的症状缓解并治愈，如图 2-3 所示。

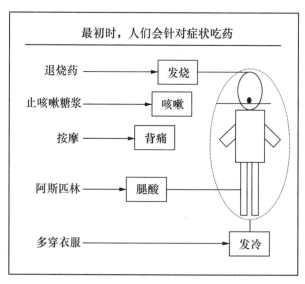

图 2-2　人们通常选择对症吃药

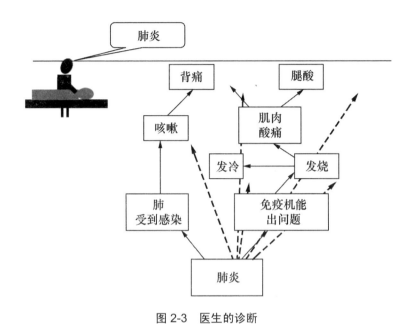

图 2-3　医生的诊断

医生应用逻辑因果关系作病因分析后，快速、明确地判定一个单一、简单的原因就可以解释所有症状的存在。这样的逻辑因果分析，让医生可以使看起来似乎很复杂的问题，经由找出一个造成所有问题的的主因，便使复杂的问题变得简单。

同样，一家企业如果"生病"了：在战略、销售、营销、生产、研发、供应链等方面都出现了这样或那样的症状，我们的一般反应都是对各个局部做针对性的改善，某些咨询公司会根据客户需要定制一个解决方案，但咨询公司是否应该先搞清楚客户的真实症状再进行独立思考？客户提出的问题就一定是真正的核心问题吗？为什么我们不能像医生给病人看病一样找出企业的"肺炎"，迅速简单地解决企业目前的各种问题呢？

企业管理大师高德拉特的 TOC 理论认为：**企业管理中出现的各种问题，都是由一个或者少数几个原因造成的，我们可以通过常识和简单的逻辑推理找出**

这些根因并加以解决。

让我们来试着挑战第二条：冲突是必然的，能做到最好的情况是寻找最佳妥协解。

何谓冲突？冲突就是在一个情境里，我们想要做两件相矛盾的事情。一个典型的例子：我们企业最终的目的是为了盈利。一方面，为了盈利我们必须保证销售，因此我们要保证充足的库存以预防销售的波动；另一方面，为了盈利我们必须降低成本，因此我们要压低库存量以降低成本。那么，增加库存和压低库存就成了不可避免的冲突，而我们对此无能为力，唯一能做到的就是依据实际情况做妥协，现在通行的做法：销售旺季的话就多备货、牺牲成本以保证销售，销售淡季的话就少备货、牺牲销售以减少成本。这样的做法科学合理吗？

如何化解冲突呢？冲突是因为在一个情境里，我们想要做两件相矛盾的事情，因此我们也可以同样的方式，借着挑战冲突存在的基本假设来化解冲突，使之得到突破。如图2-4所示的情形想必很多管理者在日常工作中常常碰到吧？

我们遇到问题了！

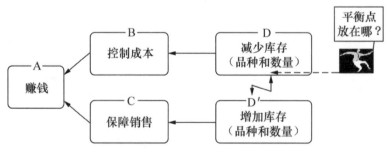

图2-4　管理者常常会遇到的工作问题

就如图 2-4 所示的例子，为了赚钱，我们一方面要控制成本，所以要减少库存；另一方面为了赚钱，我们必须要保证销售，因此要增加库存。为了赚钱，我们陷入了增加库存还是减少库存的冲突中。我们想要达成两件相矛盾的事情，陷入了左右为难的境地。该如何化解呢？

++

案例：刘经理的烦恼

刘经理是我们提供过咨询服务的一家公司的总经理。在和我们交谈时，他大倒苦水——他手下的销售经理和生产经理经常发生争执：销售经理指责生产部门拖了销售的后腿，总是缺货；而生产经理则回应销售部提供的信息不及时和不准确，导致生产了很多卖不出去的库存，还经常要加班加点，使得生产部门的成本过高。刘经理陷入了是该增加库存，还是减少库存的冲突中。

为了让我们更加了解他的痛苦，刘经理详细地描述了他所处于的冲突（如图 2-5 所示）。

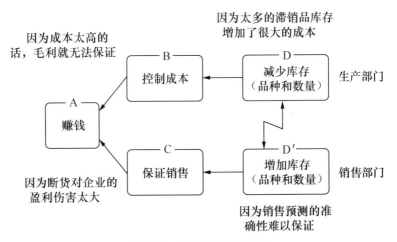

图 2-5 刘经理面临的冲突

一方面，对一家企业来说，最终目的是赚钱盈利。因为成本的高低决定了企业的利润率，过高的成本会使得企业的毛利所剩无几，所以作为总经理，必须要控制成本。太多的滞销品库存使得成本过高，因此刘经理必须要减少库存（减少品种和数量）。另一方面，企业的盈利必须由销售出产品才能达到。如果断货的话不仅意味着短期的销售会遭遇损失，更意味着已有的客户会购买竞争对手的产品，这些代价是企业所不能承受的，所以，他必须保证销售。但一般来说，销售预测并不一定准确。为了不失去市场、保证公司持续地盈利，必须多备库存以防万一，因此要增加库存（品种和数量）。

我们注意到刘经理在描述自己面临的冲突时，用了 4 条假设（如图 2-5 中的灰色字体所示）。

假设 1：成本太高的话，毛利就无法保证。

基于这个假设，企业要赚钱，就要控制成本。

假设 2：太多的滞销品库存增加了很大的成本。

基于这个假设，企业要控制成本，就要减少库存。

假设 3：断货对企业盈利的伤害太大。

基于这个假设，企业要赚钱，就要保证销售。

假设 4：销售预测的准确性难以保证。

基于这个假设，要保证销售，就要增加库存。

但是，这 4 条假设都是正确的吗？都是不能动摇的吗？

如果这 4 条假设中的任意一条被打破或者被证明是错误的，那么，刘经理所处的冲突是不是就不攻自破了？例如，如果假设 1——"成本太高的话，毛利就无法保证"不成立，是不是就能推翻"企业要赚钱就要控制成本"这个结论？那么，也不存在要减少库存这个要求，是不是就不存在这个冲突了？

让我们和刘经理一起来探讨这 4 条假设是不是都是牢不可破的。

对于假设 1：成本太高的话，毛利就无法保证。

由于毛利等于价格减去成本，而在目前的市场情况下，提价并保持市场规模显然不太现实，这条假设被打破的难度太大。

对于假设 3：断货对企业盈利的伤害太大。这个也是不可辩驳的。事实证明，每减少 1% 的销售额，等于减少 10% 的净利。

对于假设 2：太多的滞销品库存增加了很大的成本。

对于假设 4：销售预测的准确性难以保证。

由于销售预测的不准确性和销售信息传递的时滞，难免会生产很多滞销品。如果我们能提高销售预估的准确性以及提高销售信息的传递速度，那么，是不是能大幅度地减少滞销品，降低不必要库存，从而节约成本？

如果销售预测性能得到保证，那么是不是就能以比以前小得多的库存保证不断货、保证销售，而不需要那么多的库存？

刘经理和我们达成共识：假设 2 和假设 4 是有可能被打破的，其关键就是寻找一套能提高销售预估准确性的方法。

公司通过引进"拉式补货"配销管理方法，解决了"销售预估不准，店铺补货时间太长"的烦恼，从而兼顾了销售和成本控制，解决了冲突，公司的绩效得以改善。

要解决冲突其实很简单：**找到构成冲突的几个假设，认真地研究它们，看是否能打破这些假设，只要打破其中任意一个，恭喜你，你从冲突中突围而出了！**

让我们再来看看第 3 条。

我们有归罪于外的倾向，我们本能地去责怪别人，认为是别人的不对才导致事情变得如此糟糕。

人们之所以归罪于外，是因为没有达到自己的预期，而我们本能地认为自己是对的，所以就会带着答案去找问题，认为肯定是对方错了，才会导致这样，典型的例子如很多人都认为员工的执行力不够是企业不能达到目标的最主要原因；或者因为大家企图分享有限的利益，因此会出现你多了我就少了的结论，于是就责怪别人为什么那么贪得无厌，典型的例子如企业和经销商的拉锯式谈判。

归罪于外会导致我们从指责别人的方向寻找解决方案，我们施压要求对方改变行为／营运模式来解决问题。但经验告诉我们，施压的方式只会使双方的关系更加恶化，造成下次的问题更加难解。而且，当你把目光聚焦到他人身上时，你是否会忽略自己存在的缺失呢？

那么，我们该如何破解这一问题呢？

我们之所以会归罪于外，是因为我们将自己和合作伙伴定义为输赢关系，没有共赢的思想。

如果我们有共赢思想，真正把合作伙伴的得失也放在心上的话，我们就会认真分析他的需求，并努力满足他，以使得对方全心全力为共同的目标去努力。

+++

案例：企业和员工的共赢

企业认为员工不努力，从而拖累了企业的目标达成，因此会制定更严格的绩效考核和奖惩机制企图让员工更卖力，但事实是上有政策，下有对策，你能控制员工的工作时间，但控制不了他们的工作效率，最终的结果是员工怨声载道，企业的效率也没得到明显的提升。企业管理者认为是绩效政策有空子可钻，因此制定更严格的政策，而员工的反感也会越来越强，由此形成恶性循环。

如果我们真的将员工当成自己人，像腾讯那样认为"没有满意的员工，就没有满意的客户，更没有满意的绩效"的话，我们就会像满足客户一样先满足自己的员工，真正让他们全心地为企业服务，而不只是简单地制定胡萝卜加大棒的政策。

依据马斯诺需求理论，人们有 5 个需求层次。

• 生理需要，是个人生存的基本需要，如吃、喝、住。

• 安全需要，包括心理上与物质上的安全保障，如不受盗窃的威胁，预防危险事故，职业有保障，有社会保险和退休基金等。

• 社交需要，人是社会的一员，需要友谊和群体的归宿感，人际交往时需要彼此同情、互助和赞许。

• 尊重需要，包括要求受到别人的尊重和自己具有内在的自尊心。

• 自我实现需要，指通过自己的努力，实现自己对生活的期望，从而对生活和工作真正感到很有意义。

在前两层需求早已经基本被满足的今天，谁能最大程度地满足员工的后三层需求，谁就能真的让员工心甘情愿为你工作。

++

案例：企业和经销商的共赢

企业和经销商的斗智斗勇似乎每天都在上演，为了能为本方争取更多的利益，十八般武艺各自登场。一般来说，企业对经销商的胜利往往会被认为是对企业实力和谈判主持人能力的一种奖赏，是一件值得自豪的事情。但你知道吗？当你将合作伙伴一步步逼得没有退路的时候，他肯定已经在找另一条新的出路了。湖南的一些大的经销商因为过高的保证金、超大量的销售任务以及超长的回款期而联合抵制某大品牌调味品就是一个典型的例子。

如果我们有双赢的思想，为经销商提供各种贴心的服务，把帮助经销商成长也作为企业的目标之一，让经销商融入企业氛围内，那经销商是不是也会投桃报李，而不是威胁或者一拍两散？

总的来说，如果你不关心你的合作伙伴——你不愿意花时间与精力去了解他们与他们真正的需求，你就不可能和他们有和谐的关系，而不和谐的关系是不利于双方的进一步合作的。

和谐存在于任何人际关系里。只要有双赢观念，开始寻找对方虽然不同，但对双方都有利的方面，我们就有能力从"伪装"的冲突中找出属于双方的利益共同点。

让我们来挑战第4条。

我们认为自己已经快做到极致，再怎么努力也不能使得企业变得更好。

我们已经经营企业很多年，对企业以及企业所在的行业非常了解，作为行业专家，对行业利润率、交货周期、价格等我们已经了如指掌。我们也相信进一步改善总是可能的，但是我们也认识到，尽管进一步的改善仍会有贡献，但是会越来越小。

如果我们抛却"我们是行业专家"的假设，我们就应该思考所有可能的事情。因此当我们做了改变后，我们必须检讨改变后所产生的衍生事情，检查是否每一件事情都如我们所期待的那样。小心地检查改变后所产生的每一衍生事情会让你得到惊人的启示。如最近的流行词语"跨界"，跨界的合作、资源整合等产生了很多新的成功的商业模式，为企业家带来新的财富的同时，也改变了不少行业的原有规则。

+++

案例：日本汽车行业的崛起

你能想象当你买了一辆汽车后，最重要的事情就是要和维修厂搞好关系，以免汽车坏了，无法修理而造成很多不便的情形吗？

没错，这就是20世纪70年代整个汽车行业的真实写照：汽车的高故障率是行业内认为理所当然的事情，大家认为以现有的技术水平能够只有这么低的故障率已经是极限了，继续加大这方面的投入可能会有所改进，但不值得。

但日本的汽车同行不这么认为，他们通过质量改善，将故障率降低到惊人的地步，从而打败了美国，从20世纪80年代开始占领了汽车市场的大部分份额。

+++

2. TOC 简介

➕ TOC 的管理信仰

每一个系统，无论它多么复杂，都有其固有的简单性。每个企业系统的有效产出，都由极少数的因素（杠杆点）支配着。利用系统固有的简单性就可以在短期内使企业获得突破性进展。

正如我们在解释世界简单性时所举的人得了肺炎的例子，如果我们能找到造成企业在研发、生产、销售、物流、营销等方面症状的"肺炎"，然后对症下药，那我们就能在短期内使企业获得突破性的绩效改善。

➕ TOC 的三大主义

C 主义：内敛（Convergence）。任何企业系统内的事物一定存在因果关系。

顺着因果关系就能找到导致所有问题的核心问题 / 矛盾 / 冲突。解决了核心问题，其他问题自然就迎刃而解了。

W 主义：双赢（Win-Win）。 所有的问题 / 矛盾 / 冲突一定都有不需妥协的双赢解。如果有问题 / 矛盾 / 冲突存在，一定是我们的理解水平或错误假设所致。妥协的解决方案往往不可能取得双赢。双赢的事物才能持久。

R 主义：尊重（Respect）。 没有人会拒绝改善。人们之所以不拥抱改变，是因为没有看到改变后的好处。

➕ TOC 的行为准则

（1）系统观、整体观

在运用 TOC 理论解决问题时，不管是企业管理中的问题，还是我们日常中碰到的冲突，我们都不会只专注于问题和冲突本身，而是会将问题和冲突放在整个系统中，通过清晰思考，找出核心问题或瓶颈并针对性地予以解决。

++

案例：降低成本真的对公司有利吗？

如果我们将公司的各个部门细分进行考核，那么成本将会在考核中占很大的比例。

某公司的采购经理为了能达到公司降低成本的要求，部分关键性原材料用当地的原材料来代替进口原材料。据计算，每年将会为公司节约 200 万元。但由于公司原料的问题，生产的产品的质量无法满足客户的需要，导致客户的大规模退货，销售部门损失惨重。由于质量问题给公司带来的损失超过 15 万元 / 天，公司不到半个月的损失就会高于采购部门省下来的钱。基于为自己部门的局部思考，生产和销售这两个部门肯定是势如水火。

如果我们都以系统观、整体观来思考问题，都以企业能取得更大的效益为目标，大家同心协力，效率是不是能得到更大的提升呢？

++

（2）向成本世界观宣战

如图 2-6 所示，作为一个企业管理者，每天都在控制成本和保护产出的冲突中纠结，并依据实际情况和自身的经验做出取舍和决策，以期待取得好的业绩。

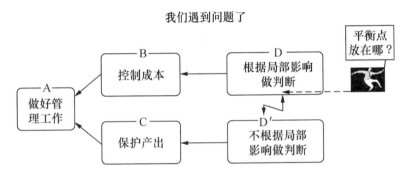

图 2-6　控制成本和保护产出的冲突

成本和产出，究竟哪个更重要？

不同于其他理论的和稀泥，TOC 理论旗帜鲜明地提出产出比成本更重要的观点，并向成本观宣战。

财务部门作为企业的一个重要组成部分，组织企业财务活动，处理财务关系，其重要性不言而喻。其主要职能除了处理应收账款、处理应付账款、收钱、监控现金流、与银行保持良好关系、准备财务报表之外，最重要的一项职能就是扮演公司重大决策的记分员，为企业的管理层做决策提供数据支持。

然而，依照现今流行的变动成本与固定成本分摊的会计算法，账面的盈利往往并不代表真正的盈利，从而不仅不能对管理决策有所帮助，反而可能会对其造成负面影响。

让我们来看一下李先生的创业记。

因为看好 A 产品的前途，李先生下海创业，每年投资 10 万元运营费用。每个产品的采购费用为 1 万元，售价为 2 万元。

第一年，李先生采购 10 个 A 产品，卖出 10 个。

单个产品成本 = 变动成本 + 固定费用分摊

$$= 变动成本 + 固定费用 / 生产数量$$

$$= 1 + 10/10 = 2（万元）$$

利润 $= 10 \times (2-2) = 0$

第二年，采购 20 个 A 产品，卖出 10 个。

单个产品成本 $= 1 + 10/20 = 1.5（万元）$

利润 $= 10 \times (2-1.5) = 5（万元）$

从账面上看，应该是第二年的经营效果好于第一年，可只要稍微有点经济常识的人都知道第二年的经营无疑是失败的，更多的库存意味着更大的经营压力，应该没有谁会去做这样的傻事。

事实并非如此，某运动品牌就以 10 亿元的库存、一成以上的专卖店关闭成为了现实中最大的李先生。这个公司之所以从曾经的辉煌到如此境地，除了竞争对手以及战略方面的问题之外，成本世界观是造成其困境的主要因素之一。

首先我们来看一下传统成本会计的做法：评价产品或服务是否有利可图的现行方法是计算"产品的成本"。这个概念是：只要售价高于产品 / 服务产品，公司生产和销售该产品 / 服务就能赚钱，而且哪个产品的"售价 - 成本"越大，就说明这个产品越能赚。而现实中几乎所有陷入亏损的公司，其每个产品 / 服务的售价都会高于成本。

那些单方面或者着重于追求财务数据漂亮的公司的资产负债表和损益表都显示公司赚了更多的钱，但实际上的绩效很差。那么，我们可以肯定的是，现有的公司的整体评价体系一定存在着重大的扭曲。

成本会计有以下三大错误观点。

- **库存也是资产。**

- **成本平摊。**

- **局部考核。**

1）财务部评价机构整体，最主要的扭曲在于它看待库存的方式

目前，高库存已经普遍被视为是企业的包袱，因为它大大地削弱了公司的竞争力，但在财务报表上，库存仍然被视为资产。将负债视为资产无疑会使公司决策者陷入冲突：为了提升公司竞争力，我们需要控制库存；为了保证公司的盈利，我们必须扩大库存，因为财务报表将库存视为资产，降低资产就会降低盈利。

2）评价设备投资的现行方法是计算设备所节约的成本

现行的评价设备投资是否可行的步骤是先计算如果购置新机器的话所能节约的时间，然后推算出一年能节约的时间，算出回本期，如果回本期小于或等于标准回本期就购买。而事实上，这样的回本期是不可能实现的，一般按照这种做法我们所能得到的只是更多的库存，并最终会削弱公司的竞争力。

3）评价利润中心的现行方法是靠次系统的盈亏机制

利润中心是公司每个子部门的盈亏计算系统，也向公司的另外子部门进行采购或销售，利润中心的盈亏受销售或者采购产品及服务的影响，并以转移价格和其他部门进行交易。转移价格＝直接人工 × 杂项因数＋原材料价格＋利润。这样的做法所带来的影响就是当成本增加时，转移价格就增加，利润中心的盈利也增加；当成本降低的时候，盈利中心的盈利也随之减少。转移价格使人们不思进取。

4）评价产品或服务是否有利可图是计算"产品成本"

"产品成本"作为现行流行的做法，是最具有杀伤力的概念，其意思是只要售价高于产品、服务的成本，公司生产和销售该产品、服务就能赚钱。现实中，几乎所有亏损的公司也是在执行着"产品成本"，之所以不能成功，他们给出的借口是计算"产品成本"的数据不能保证准确，计算方法也存在误差。那么真的是这样的吗？

"亏本"做买卖真的亏本了吗？

淡季的订单不足已经成为各企业不得不正视的问题，由于订单太少，工厂都处于半开工状态，老板们苦不堪言。

真的是没有订单吗？事实上，只是高于"产品成本"的订单少得可怜，那些低于"产品成本"的订单还是很多的。一些企业在衡量了人力资源成本以及其他因素后，决定亏本或保本经营。

现实中，我们不管是否生产产品，厂房的租金、工人的工资、公司营运的其他费用等其实都是在支出的。因为认识到这一点，在订单不足的时候，有些企业不自觉地在"亏本"或者"保本"生产。一般情况下，他们的绩效比完全执行"产品成本"的企业要好。为什么会这样呢？到底怎么样的定价才能"真正赚钱"呢？

（3）有效产出会计介绍

众所周知，公司的绩效指标主要有 3 个。

• **净利润**，表示公司盈利的绝对值。

- 投资回报率，表示公司的盈利能力，盈利的相对值。

- 现金流量，企业存活的必要条件。

企业一切经营活动的最终目的都是为了能改善以上这 3 个指标。

让我们来认识有效产出会计，以 T、I、OE 3 个参数建构财务指标，如图 2-7 所示。

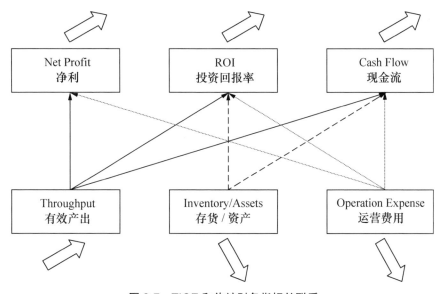

图 2-7　TIOE 和传统财务指标的联系

净利 NP=T-OE

投资报酬率△ ROI=(△ T- △ OE)/ △ I

其中，T、I、OE 3 个参数的定义如下。

1）T 有效产出：收入的钱（Throughput），代表组织通过销售之赚钱速率，T ＝销售额－材料成本（也许还加上一点销售成本）。

2）I 存货 / 资产：内部积压的钱（Inventory/Assets），代表组织为了销售而必须在采购上所投入的金钱，包括存货和资产。

存货：直接原材料存货、在制品（WIP）存货及产成品存货等成本合计数，是变动成本。资产：研究发展成本及设备与建筑物成本等。

3）OE 运营费用：付出去的钱（Operating Expense）代表组织为了使存货转换为有效产出所必须投入的金钱。

组织为获取产出贡献之所有营业成本（除直接材料外），包括薪津与工资、租金、水电、折旧、人工和制造费用及销售和管理费用。

有效产出会计在短期内将员工的基本工资视为固定要付出的成本。

有效产出会计有 T、I、OE 3 个指标，其中 T（有效产出）表示企业赚到的钱，I（存货 / 资产：内部积压的钱）表示企业为了赚钱而投入的钱，OE（运营费用）表示企业为了运转，为了把 I 变成 T 而花的钱，即使不赚钱也必须花费的费用。如图 2-8 所示。

有效产出（T）：组织创造的钱
存货（I）：投资在组织上的钱
运营费用（OE）：组织为了把 I 变成 T 而花的钱

图 2-8　有效产出会计

有效产出 T=S-VC（变动成本）

利润 NP=T-OE=S-VC-OE

企业所获得的利润等于销售额减去变动成本与企业运营费用。由于企业的运营费用是固定的（假设不裁员和不缩小企业规模），诸如厂房的租金、员工的基本工资、设备的折旧等费用，即使企业不开工也要照常花费。因此要使企业的利润增加，只要使 S-VC 大于零，即销售额大于变动成本就行，也就是每一次的订单，只要产品的报价大于产品的变动成本，企业的利润就能增加，就是赚钱的。如图 2-9 所示。

对于成本会计来说，要赚钱必须要使报价大于变动成本和固定成本均摊之和，而根据有效产出会计，只要报价大于变动成本就是有利可图的。

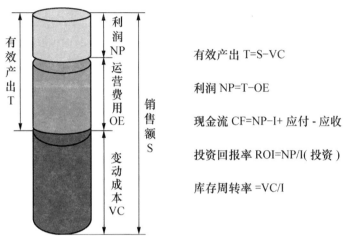

有效产出 T=S-VC

利润 NP=T-OE

现金流 CF=NP-I+ 应付 - 应收

投资回报率 ROI=NP/I(投资)

库存周转率 =VC/I

图 2-9 有效产出会计财务指标

那些"亏本生产"也能赚钱的企业，其实就是收到的报价大于变动成本而小于变动成本与固定成本均摊之和并进行生产的企业。

现在再来讨论一个如何使得企业持续盈利的话题，成本会计认为通过不断降低成本是保证企业盈利能力的最佳路径，但事实是这样的吗？

在有效产出会计中，利润 NP= 有效产出 T- 运营成本 OE

要使 NP 增加，我们有如下途径，如表 2-1 所示。

表 2-1 变化情况说明

OE ＼ T	上升	不动	下降
上升	T上升, OE上升	T上升, OE不动	T上升, OE下降
不动	T不动, OE上升	T不动, OE不动	T不动, OE下降
下降	T下降, OE上升	T下降, OE不动	T下降, OE下降

- 第 1 种：T 上升，OE 减少；
- 第 2 种：T 上升，OE 不变；
- 第 3 种：T 上升，OE 上升的幅度小于 T 上升的幅度；
- 第 4 种：T 下降，OE 下降的幅度大于 T 下降的幅度；
- 第 5 种：T 不变，OE 下降。

对于第 1 种情况和第 2 种情况，即有效产出增加，运营费用减少或者不变，这可能是企业管理人员最愿意看到的事情，但事实上，除了那些刚进行成功管理咨询改善或者引进了新技术的企业外，一般企业由于成本的增长，不可能一直保持这种势头。

对于第 4 种情况和第 5 种情况，即有效产出下降，运营费用的减少大于有效产出下降的幅度，或者有效产出不变，运营费用减少，这应该是企业转型或者要破产的前兆，也是不可能持久的。

第 3 种情况，即有效产出上升，运营费用也上升，但上升的幅度小于有效产出上升的幅度。小小的 OE 大大的 T——通过小投入获得大产出是值得的，也是行得通的。运用 TOC 理论对企业运营的改善都是基于这个考虑来实施的。

有效产出 T = 销售额 S - 变动成本 VC

如表 2-2 所示，要使 T 增加，我们有如下途径。

表 2-2 变化情况说明

S \ VC	上升	不动	下降
上升	S 上升，VC 上升	S 上升，VC 不动	S 上升，VC 下降
不动	S 不动，VC 上升	S 不动，VC 不动	S 不动，VC 下降
下降	S 下降，VC 上升	S 下降，VC 不动	S 下降，VC 下降

- 第 1 种：设法提高 S，允许 VC 增长，但确保 S 增长的速度快于 VC 的增长；

- 第 2 种：设法提高 S，且保证 VC 不动；

- 第 3 种：设法提高 S，且设法降低 VC；

- 第 4 种：设法降低 VC，但不能影响到 S；

- 第 5 种：设法降低 VC，也允许 S 降低，但要确保 VC 降低的速度超过 S 降低的速度。

显然，在成本日益增长的今天，企业不可能一直保持第 2、3 种情况，第 4、5 种情况是企业转型或者关门的前兆，都不可能持续。

第 1 种情况设法提高销售，允许变动成本增加，使得销售的增长大大地快于变动成本的增长。这种方法是可取的，也是值得我们去做的。

➕ 聚焦五步骤

一条铁链的强度是由铁链最弱的一环所决定，同样，一家企业的产出也是由企业最弱的一环所决定的，如图 2-10 所示。

图 2-10　聚焦五步骤：F5

TOC 理论基于以上思考开发出了聚焦五步骤管理工具，以提高企业的有效产出。

以下是聚焦五步骤的详细描述。

准备步骤：确定目标，系统思考

目标决定系统，没有目标，就无法定义系统，我们只有确定了我们需要达成的目标，才能定义系统，目标不同，完成这个目标所牵涉到的系统也不同。具体来说，如果我们以企业的产能为我们的目标，那么，系统就只涵盖企业的采购和生产部门，但如果我们的目标是企业的销售和企业的有效产出，那么，这个系统里除了企业的采购和生产部门之外，还应该包括企业的销售部门、物流、经销商、门店、客户等其他要素。凡是可以量化的目标，我们都能应用聚焦五步骤。对于系统的确认，我们一般以价值链作为分析工具，整个企业的价值链条如图 2-11 所示。

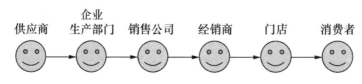

图 2-11　某工业品销售企业核心价值链

根据一个系统的最大产出取决于其最薄弱环节的规律，我们在对以上价值链进行分析后，就要考虑第一个行动步骤了。

第 1 步：找出系统的瓶颈

对于不同的系统，找出瓶颈的方法也不同。如果我们以工厂的产能最大化为我们的目标，那么，瓶颈一般都是生产线上产能最弱、负荷最重、在制品堆积最多的地方。对于价值极高的设备、需要占用很大空间的工序，我们也能通过空管投料的方式来找出产能的瓶颈。

以上讨论的是生产部门的物理瓶颈，据调查，目前有 70% 以上企业的瓶颈在市场，这反映了企业在市场应变能力方面的不足，也有些企业因为观念、制度上的瓶颈而限制了企业的产出。

第 2 步：挖尽瓶颈

瓶颈决定了系统的产出。瓶颈损失一小时，系统的产出就损失一小时。为了系统产出最大化，我们要把瓶颈部位的流速与时间做到最大化。对于工厂来说，就是要专注于瓶颈工序产能最大化，可以通过 24 小时不间断作业、瓶颈工序浪费时间的消灭、瓶颈工序员工效率提升等方式来完成。

第 3 步：迁就瓶颈

所谓迁就瓶颈，就是非瓶颈要为瓶颈达到最大效率创造条件。就工厂来说，就是非瓶颈工序要保证瓶颈工序始终达到最高效的生产状态：第一，要保证瓶颈的生产不能因为没有原料而停滞，可用的方法有瓶颈前物资的缓冲管理等；第二，保证瓶颈工序生产员工的最大效率，瓶颈工序工人只专注于瓶颈工序的工作，而其他的搬运等工作由非瓶颈工序工人完成；第三，来料的质量保证，由于瓶颈浪费一分钟等于整个系统浪费一分钟，所以，必须保证瓶颈前的在制品及原料的 100% 合格，等等。

第 4 步：打破瓶颈

如果还不能达到既定目标，就实施工序改善，在原有基础上提升效率，增加人员及设备或更换新设备。

第 5 步：回到第一步，避免思维惰性

我们不能陶醉于我们已经做得很好了，而应该持续改善，每隔一段时间就要重新按照聚焦五步骤来提升效率。

本章主要讲述了 TOC 理论的基本思想和对企业问题研究的原则。

TOC 理论的基本思想如下。

（1）世界是简单的，企业的各种问题其实都是由一个根因造成的，我们只要找到这个根因并解决它，就能达到事半功倍的效果。

（2）看似无所不在的，只有妥协解的冲突其实是可以化解的，只要我们保持清晰的思考。

（3）我们不应该归罪于外，而是应该以双赢的思考角度去解决问题，只有双赢才能持久。

（4）我们不要老认为自己已经做到了极致，因为天空也不是极限。只有突破自己的局限，我们才可能取得突破性的改善。

TOC 理论解决企业问题的原则及思路如下。

（1）系统观、整体观：我们在研究企业问题时，应该以企业整体的目标为导向，而不应单独考虑企业各个部门的问题。企业的有效产出是由企业的最弱一环决定的，通过聚焦于企业的瓶颈（最弱一环）的改善，能迅速改善企业的绩效，达到事半功倍的效果。

（2）运用 TIOE 从公司整体的有效产出的角度为企业的决策做参考。成本世界观只会把企业引导到错误的路线上。

（3）聚焦五步骤即确定目标、找出瓶颈、挖尽瓶颈、迁就瓶颈、打破瓶颈，回到第一步确定目标是我们解决企业问题的最基本思路。

（4）价值链分析有助于我们更方便地思考企业的问题。

第三章我们将通过案例演绎的方式详细讲解 TOC 理论在企业运营的各个部分的成功应用。

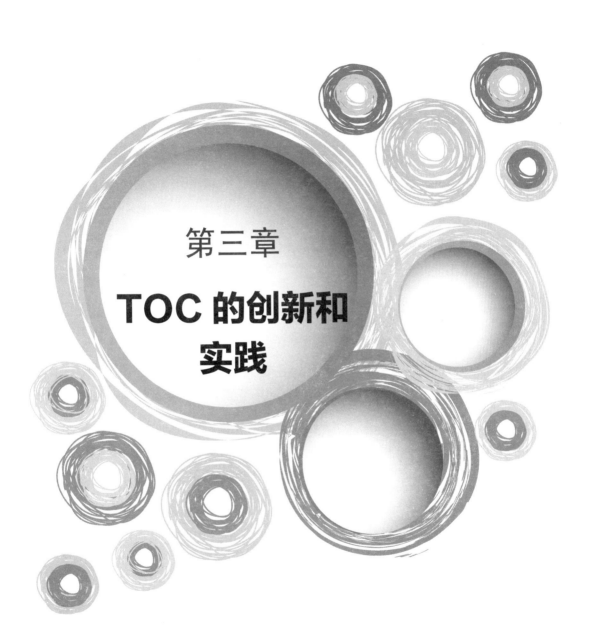

第三章

**TOC 的创新和
实践**

　　管理理论从泰罗对于工厂的科学管理到今天面对全球化、知识化、信息化的企业管理，历经了一个多世纪的演变。从企业管理理论发展的现状来看，虽然美国企业管理理论仍然是主流，但是企业管理是现代人类的一项最基本的活动，各种管理理念、管理思想和管理模式的产生和发展，都深深根植于各国的文化传统之中，都以各国的文化传统、价值准则和行为规范为核心。新时期中国如何识别和挖掘西方企业管理的普遍性和特殊性，使其更好地为我所用，并在中国企业管理实践和理论研究中发展和形成真正适合中国国情的企业管理理论，是中国必须面对的挑战。中国企业管理实践创新，必须立足中国，放眼世界，在广泛学习和借鉴外国企业管理的科学理论和实践的基础上，从中华民族优秀文化中吸取智慧和营养，不断地研究和总结中国企业管理的实践经验。

　　在市场化、全球化、信息化不断深化的背景下，中国企业要取得持续发展，必须根本性变革管理理念、内容和方式，运用新的管理理论指导企业管理，不断进行管理创新，探索全新的管理方法。如果企业的管理变革仅仅停留在对原有管理方式进行局部的修整，将难以应对激烈变化的外部环境，必将为市场所淘汰。

TOC 理论首先是作为一种制造管理理念出现。TOC 最初被人们理解为对制造业进行管理、解决瓶颈问题的方法，后来几经改进，发展出以"产销率、库存、经营成本"为基础的指标体系，逐渐成为一种面向增加产销率而不是传统的面向减少成本的管理理论和工具，并最终覆盖到企业管理的所有职能方面。

由于 TOC 理论是高德拉特博士在吸收其他管理理论精华后逐步完善的，所以会给人似曾相识的感觉。但正如我在第一章所讲的，TOC 理论的精髓并不在于其提炼出来的管理定律以及解决方案，而在于理论思想以及思考过程这些"活的灵魂"。TOC 对四大基本假设的打破以及"即使以人为主导的环境也可以让个人与组织应用严谨因果逻辑关系来得到显著的改善"等观念其实都是"反常识"的。如果只是接受 TOC 理论的一些管理定律和解决方案，却不用 TOC 的思维方式去解决问题，其实并不是真正掌握了 TOC 理论；而思维方式的转变是需要时间和精力的，这也是为什么初学者往往会对 TOC 理论有"一学就会，一用就错"的感叹的原因了。

在这一章，我们将详细介绍 TOC 理论在管理改善中的创新与实践。在实际运用中，我们运用科学的思考方法、凭借有效的咨询实践将 TOC 理论由 1.0 版本提炼为 2.0 的概念，以便适应当今互联网思维下的企业转型、升级、创新、持续改进。

1. 如何为企业打造绝对性竞争优势

对于超过 70% 以上的企业来说，市场已经成为制约企业进一步盈利和发展壮大的瓶颈：这意味着如果有更多的订单，企业的生产及供应链完全有能力满足，并为企业创造出更大的效益。市场营销越来越受到关注，关于市场营销的书籍和咨询培训充斥着市场，全力开拓市场已成为企业的共识。企业对营销的投入也在逐年增加，可为什么还是有那么多的企业存在市场瓶颈呢？一般来说，企业的市场营销普遍存在以下问题：

- 找不到足够的意向客户；

- 现有客户不够忠诚，留住客户越来越难；

- 客户常常提出不合理的要求，不答应就跑去对手处；

- 行业竞争激烈，对手众多；

- 原材料成本上涨，但价格无法涨；

- 毛利越来越低；

- 没有足够的预算推广品牌；

- 广告或其他品牌推广活动没有什么效果；

- 营销策略基本上都是看竞争对手；

- 不做广告等死，做广告找死；

- 渠道为王，百城万店是个好思路，可实施起来阻力重重；

- 自主研发，新品一上市就成"烈士"，采取跟随政策，又失去市场先机。

之所以会有以上问题存在，其根本原因在于没有立足于整体从企业的整条价值链上去思考营销的问题。

（1）很多企业聚焦于产品的设计、制造、上市的成本等方面，认为营销的任务就是将产品和公司的理念推销出去，却忽略了顾客的需求。不能满足顾客需求的产品最终是不会被市场接受的，这也是一些闭门造车的新品上市成功率低的原因之一。

（2）现在很多企业通行的做法是，以成本会计的均摊费用、产品成本再加上合理的利润构成产品的价格。而事实上，顾客是否购买你的产品是基于对商品的价值认知，市场营销的职责就是提高顾客对产品的认知价值，市场营销应该是根据顾客的认知价值定价而不是基于成本分摊去定价。

（3）没有共赢的思维，对上下游企业过分压榨。如今的竞争已经不是企业和企业之间的竞争，而是价值链和价值链之间的竞争。对于我们的合作伙伴，我们应该尽量扶持而不是想着利用自身的优势地位去盘剥他们。

市场营销者不应该只关注产品特性、产品成本或营销本身，而应该将营销放在整个价值链中去考虑，从整体上去思考，按照聚焦五步骤来解决市场的瓶颈。产品的定价不应该由成本分摊再加上合理的利润来决定，而应该提升顾客对产品的认知价值，以顾客的认知价值来定价。营销的任务不应该仅仅只是将现成的产品推销出去，而应该通过市场的反馈找到最佳盈利的市场组合，进而指导生产和研发。员工的表现不佳并不意味着人的本性不好，一定是现有的制度或其他的原因造成这样的结果，管理层要主动找原因而不只是通过拓展训练来解决员工的士气问题。公司的任何改良都不能以局部的绩效为目的，而应该关注整体的利润提升。

2. 某快消品企业营销改善方案

AA 快消品公司简介

产品：复合调味料（自主研发生产），主要针对商业酒店。

销售额：5 000 万元。

品牌：采取高价策略，定位为高档品牌，在业内有一定的知名度和美誉度。

销售网络：目前销售网络已遍布全国 32 个省、市、自治区。

销售渠道：利用农贸流通渠道入终端或直接销售给酒店。

客户：中高档酒店。

历史业绩：经过几年爆发式（年 50% 以上）的增长后，今年的增长率明显放缓，预计为 15% 左右。

★ 公司现状

价值链分析

公司的销售网络已经覆盖到内地包括新疆、西藏在内的所有的省、市、自治区，全国销售人员 60 人左右。

基于我国经济发展不平衡的现状，公司在不同的地区采取不同的销售策略。

（1）在中西部地区如新疆、西藏等省、市、自治区以及市级以下的城市，由于经济及餐饮业相对落后和人力效率的原因，销售主要走经销商—二批—酒店或经销商—酒店的渠道，如图 3-1 所示。

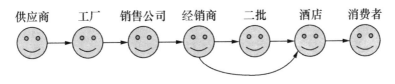

图 3-1　AA 公司在中西部地区的价值链

（2）在北、上、广、深等发达地区，同类产品的竞争日趋激烈，餐饮连锁企业的实力强劲等原因促使当地的销售经理主要以进攻酒店为主（减少中间环节、连锁酒店的分店多），以批发商渠道为辅，如图 3-2 所示。

图 3-2　AA 公司在发达地区的价值链

（3）在中等发达地区如武汉、重庆等地区，实际情况介于前两者之间，当地的销售经理依据自身情况酌情采取相应的销售策略。

下面我们按照价值链的顺序——介绍 AA 公司的情况，以及 AA 公司就此情况所做的应对措施、取得的效果。

★ 供应商方面（图 3-3）

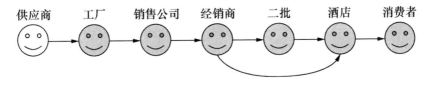

图 3-3　供应商方面说明

基本情况：

（1）能满足目前的生产计划。

（2）主料是季节性集中收购，需要囤积；其他的材料大部分需要大批量采购。采购计划和销售计划协调难度较大。

公司采取的应对措施及效果：

（1）年度协议采购，物资暂时存在供应商处，按协议分批次运输到工厂，节约库存费用。

（2）为应对销售的增长，公司决定搭建新的采购体系，但仍在策划中。

★ **工厂方面（图3-4）**

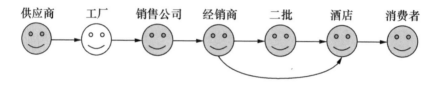

图 3-4　工厂方面说明

基本情况：

（1）设计了期初库存，但没有进行库存动态管理。

（2）工厂部门认为销售部门预估不准，下单不及时导致其在旺季时加班加点也不能保证按时交货，在非旺季时，产品的交货期能满足客户的需要。

（3）工厂没有缓冲产能，产能已经逼近饱和，已有一些产品采取外发生产。

（4）外发生产的某些批次的产品质量不太稳定（主要是破损和包装问题），在一些区域已经出现退货现象。

（5）产品技术含量不高、同质化严重，AA 公司除了两三个拳头产品外，其他的产品都是跟随型的。

公司采取的应对措施及效果：

（1）针对销售与生产不协调，公司设计了很多表格要求前线业务员做销售预测并填写表格，参照本次的预测数据和以往的销售数据做生产计划安排，但还是效果不佳，生产和销售还是不协调。老板认为是业务员没有把销售预测这件事放在心上，都在敷衍，公司已经做了很多措施来激励业务员及时提供前线销售数据和销售预测回馈给公司，但还是收效甚微。

（2）公司将非核心的、盈利少的产品外发给小厂生产，质量出现问题在所难免，就算换了这家厂，也不能保证下个小厂不出现类似的问题。因产品问题导致退货的解决方法：破损的直接退货，包装问题导致的可以折价后由当地业务员找渠道消化。出现质量问题的产品只占极少数，不是大问题。公司产品外包时会着重检查厂家的资质，以尽量减少此类事件的发生。

（3）针对未来可能出现的产能不足，公司计划新建工厂以满足核心产品的供应，其他产品准备逐步全部外包。

★ 销售公司（图 3-5）

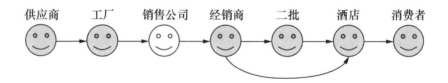

图 3-5 销售公司方面说明

基本情况：

（1）公司的销售网络已经覆盖到内地包括新疆、西藏在内的所有的省、市、自治区，全国销售人员 60 人左右。

（2）各地区销售增长缓慢，远远低于预期。在经过几年 50% 以上的增长后，预计 2015 年的销售增长为 15% 左右。

（3）市场培育情况不容乐观，记录在册的酒店及经销商增长缓慢，记录的真实性也有待考证。对于各大区经理的考核指标中，对扩展渠道和终端设有奖励，但如果销售额的奖励达到一定程度，渠道和终端的奖励就取消。

（4）各大区经理认为公司定的销售目标不切实际，根本无法完成。每年的销售业绩都在增加，但制定的任务的增长速度更快，使区域经理的收入没有相应的增加，不能刺激其工作积极性。业务员对开拓新市场积极性不高，认为差旅补助过低，出去开拓市场完全要自己贴钱。

（5）销售部门认为生产部门拖了自己的后腿，使得自己失去了很大的市场。

（6）公司制定了很多制度，如规定了很多表格要填写，为了检查员工是否在岗，要求各大区的经理定时用当地的座机给公司总部电话报到等。但员工认为除了增加他们的工作量外，这些形式上的东西对公司的业绩提升没什么用处。

（7）由产品质量问题造成的突发事件时有发生，公司又缺乏相应的解决机制，都硬压给各大区经理自行解决，不仅损害了公司的形象，也让业务员非常难做。

（8）公司的新品推广方面，产品不稳定就推到市场销售，出了问题只能当地的销售部门自行解决，各地对新品的推广没积极性。

（9）虽然在价格上紧盯调味品的一流品牌，但除了一两种产品占主导优势外，其他的都是跟随型产品，品牌宣传的力度也不够，产品的销售难度很大。

（10）业务员缺乏销售方法和工具，销售全靠一张嘴，成功率低，工作压力大。

公司采取的应对措施及效果：

（1）公司对开发经销商和酒店还是有奖励的，并且认为奖励的幅度已经很大了。但一方面，渠道和终端作为业务员掌握的资源，他们不愿意轻易上交给公司；另一方面，有些业务员确实没有开发渠道和终端的能力，因此造成公司掌握的终端和渠道增长不理想，但因为招人困难也只好将就了。对于这种状况公司想改变，但无从下手。

（2）新品的推广对公司的发展非常重要，公司的盈利状况也不是很乐观，所以低价试销新品的策略应该是没问题的，以当地大区经理的人际资源和能力，应该也能配合公司做好新品的推广工作。新品推好了，当地的销售自然会上去，当地销售部门的绩效也会上去，但各大区对新品的推广工作还是持敷衍态度。

（3）对于各大区经理的考核指标中，对扩展渠道和终端设有奖励，但如果销售额的奖励达到一定程度，渠道和终端的奖励就取消了。之所以这么做是因为老板认为对于新进入的市场，市场培育很重要，所以要奖励；而一个成熟的市场，大区经理为了达成最终的销售，一定会主动培育市场的，所以是可以取消这个奖励的。

（4）老板认为公司销售业绩增长变缓的最主要的原因是前线的销售人员包括大区经理没有全心为公司出力，因此制定了更严格的考勤制度。可上有政策下有对策，企业的绩效还是没上去，公司对此已经无能为力。各大区经理的心思没完全放在公司上，依照其判断，每年的销售任务是完全能超额完成的。业务员由于收入的原因很多在做兼职，但这也不可避免，行业内都这样。如何提高销售经理和业务员的积极性是个大问题，希望咨询老师能提供解决方案。

（5）产品的质量问题，主要是因为公司找的一些小厂在贴牌生产，已经换了一些厂了但还是出现质量问题。那些产品的质量问题大多是包装的问题，退回来的话不划算，让当地销售去处理最经济，并且当地的大区经理也有这个能力做到。

（6）销售和生产不协调的问题公司早已注意到，为了解决这个问题，公司要求前线人员及时提供销售数据和销售预测，但销售数据和销售预测的及时性、准确性很差，公司已经想尽办法，但还是不能解决问题。

（7）公司的品牌应该还算不错，品牌营销方面确实做得不足，希望咨询机构能给个营销方案。

（8）业务员的销售话术、流程、工具方面确实欠缺，希望咨询机构帮助解决。

★ **经销商（图 3-6）**

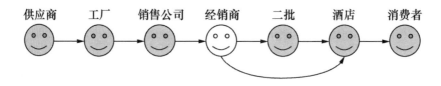

图 3-6　经销商方面说明

基本情况：

（1）同一个市场多家经销商相互杀价；价格不统一，出现窜货现象，经销商颇有怨言。

（2）AA 公司的产品陈列空间以及门头架子贴等广告推广缺乏。

（3）经销商抱怨公司的政策不行，销售任务繁重，平时压货严重，旺季时又经常缺货，公司在开拓市场的时候还经常来嘘寒问暖，现在市场稳定了就对他们不闻不问了。相对于某些品牌的某些产品有退货政策，公司的不退货政策让经销商很受伤。公司的客情和新样品不足、不及时。

（4）厨师联谊会、经销商答谢会等活动越做越少，经销商对酒店也不好推公司的产品，希望能加强这方面的活动。

公司采取的应对措施及效果：

（1）在开拓市场时，公司经常举办一些厨师联谊会、经销商答谢会等活动拉近酒店及经销商的距离，确实取得了很好的效果。但近几年效果不明显，感觉不划算就停办了。经销商的埋怨是有道理的，可公司的利润就那么多，投入产出不成正比。

（2）关于退货的问题，公司现行的政策是新品可以退货，成熟的产品如果也实行退货政策，经销商就没有销售压力了，就不会用心卖我们的产品，再说实施退货政策的都是些小品牌，这个行业的行规是不能退货的。

（3）经销商的窜货行为，是因为各地的销售政策不同所导致的，而且也不好查，同行业品牌也有这种现象，只能尽量避免了。相互砍价行为只是少数，公司会制定相应的制度以避免这种情况。

（4）相对于其他品牌的促销等活动，公司做的让利活动也不少，经销商的埋怨只不过是还想要更多的利益罢了。

（5）经销商的最终目的就是为了赚钱，因此公司采取的措施就是通过促销使产品堆满经销商的仓库，用尽他们的资金，这样他们迫于压力就会全力卖我们的产品了。整个行业都是这样的，谁这方面做得彻底，谁就能在渠道中掌握优势。

★ 二批（小经销商）（图 3-7）

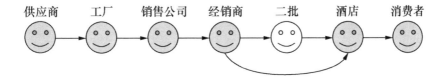

图 3-7　二批（小经销商）说明

基本情况：

（1）二批属于小的批发商，什么赚钱就卖什么，基本无库存、无忠诚度、有奶就是娘，注重短期利益，只为了生存。

（2）二批反应产品质量过关，但利润空间过小，推销的积极性不高。

公司采取的应对措施及效果：

（1）对于二批只认钱的态度，公司也没办法，因为公司也是从二批逐步发展起来的，公司只要品牌过硬、产品受欢迎、和大的经销商搞好客情，二批就会主动或被动地卖我们的产品。

（2）公司产品给经销商、二批的利润空间是足够的，二批的埋怨只是想要更多的利益而已。

★ **酒店（图 3-8）**

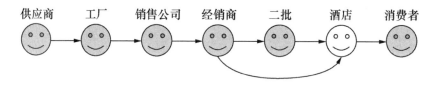

图 3-8　终端说明

基本情况：

（1）酒店调味品的进货权主要在酒店老板或厨师长手里，如何说服他们购买产品成为了终端销售的关键。

（2）酒店老板和厨师长文化水平普遍不高，讲义气、重感情。

（3）普遍反映公司对他们的关注不如以前，厨师联谊会等活动举办的频率越来越低了。

（4）新品赠送以及客情不及时，数量也不多。

（5）反映公司的新品的质量不稳定，浓度、口味等变化太大，对酒店的影响很大。如果不是和大区经理关系好，早就换牌子了。

（6）很多新品不知道使用方法，也不能确认做什么菜式最好。

（7）某些批次的产品存在包装问题。

公司采取的应对措施及效果：

（1）酒店调味品最终由酒店老板或者厨师长决定：老板看中经济实惠，因此直供酒店的话，会有较大的优惠；厨师长看中的是客情，要好好招呼。由于行业内基本都是这个模式，企业每年在这方面的投入越来越大，但不这么做就不能赢得市场，也只好硬撑着了。

（2）对于酒店的客情新样品赠送公司已经做得够好了，酒店之所以有抱怨，那是因为小便宜谁也不会嫌少的。公司会酌量增加新品和客情力度。

（3）针对新品的质量不稳定问题、产品的包装问题，公司承认自己有问题，但作为大区经理就应该有义务帮公司摆平这些事情。关于产品和新品的问题公司会尽力解决，但对于现在的研发和产品外包的现状，短时期是不可能有很大改善的。

（4）和酒店的互动，刚开始开拓市场的时候很有效果，后来效果不明显就减少频率了，这点公司会根据实际情况来安排。

（5）希望业务员和酒店一起找到新品最佳使用方式和应用的菜式。

★ **消费者**（图 3-9）

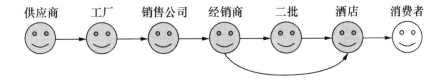

图 3-9　消费者情况说明

基本情况：

（1）消费者进酒店注重的是酒店的口味，而对其用什么牌子的调味品并不感兴趣。

（2）在一些酒店试点开个展柜，主要代售公司的调味品，但效果不佳。很多顾客都要求作为赠品拿走。

公司应对以上情况所采取的措施以及高层的理由：

（1）取消酒店代销。

（2）研究消费者情况，为进入民用市场做准备。

很明显，AA 公司对自身问题的处理方式具有一定的代表性，大多数公司也是按照这种管理思想进行管理的，概括起来有以下几点。

1）典型的成本观

过度注重成本的降低而忽视了因为成本降低所导致的对公司产出的影响。如在大区达到一定营业额后就取消对于市场开拓和新品推介的奖励，将出差的费用定在很低的标准以控制成本，等等。从降低成本的角度来说，这无疑是成功的；但公司的最终目标不是降低成本，而是要取得更多的利润。如果因为执着于成本控制而伤害了公司的整体利益，无疑是不可取的。

2）缺乏共赢的思想，认为人性本恶

因为缺乏共赢的思想，公司本能地以自身的利益为重。销售额每年都在上升，但每年定的目标也是越来越高，结果是公司的利润每年都有增长，而各销售人员的收入还是没有明显提高，因此每年年底签订新合同都是一场拉锯战。为了达成每年的销售任务，公司不惜以各种手段让经销商进货，却不管经销商死活，因为公司和经销商的选择是双向的，如果这家不行了就继续开发下一家。

由于认为人性本恶，推断出一旦没有了束缚，员工就会偷懒，因此公司制定了严格的规章制度，如日报表、定时用座机向总部报到等，但在员工看来，这些形式上的东西除了给他们造成不便外，对工作的监督和刺激没什么成效；

经销商的最终目的就是为了赚钱，忠诚度是有待商榷的，为了能控制经销商，公司也是竭尽全力，如怕经销商经营竞争对手的产品，所以认为最好的做法就是把经销商的仓库堆满，这样经销商就只能全力卖自己的产品了。正是这种不信任给经销商的资金链造成了非常大的压力，而经销商成长以后也会以彼之道还治彼身。

3）加法原则

期望将公司的方方面面都做到最好，认为各个方面都做好了，整体就改善了。但实际上，局部的改善并不一定意味着整体的改善，比如像第 1 点中所说的，压缩出差费用和变相压低销售人员的奖金对节约成本来说是有利的；但由于员工没有积极性了，公司销售也下降了。另外，一些局部的改善可能是以牺牲另一个局部的利益为基础的，如公司为了降低成本，将一些产品外包给其他的工厂；但小厂的质量不过关，经常出现质量问题，经常被退货；公司的成本下来了，但销售部门受到了伤害。

4）"人情"是日常管理的必备润滑剂

在日常的管理中，我们不可能面面俱到，各部门间肯定会发生冲突。如销售部门和生产部门都指责对方拖了自己的后腿，公司为了解决这个问题，要求前线销售人员做销售预估，对生产接单流程也进行优化，但还是缓解不了双方的矛盾冲突。既然不能根本解决这个问题，那就只能由高层调停，大家都在一个公司，卖个人情，希望能体谅对方，相互妥协。和经销商的交往不仅是实力的比拼，更是要将"人情"发挥到极致。大区的经理声称"如果不是看在我的面子上，酒店和经销商早就改换其他品牌的产品了"。不可否认，"人情"在缓解企业矛盾及促进办事效率上起着很重要的作用。但如果一味地依赖"人情"，长此以往，问题会被掩盖而不被关注；当问题不能以"人情"来解决时，就会给企业带来更大的伤害。

5）利润中心

所谓利润中心，就是将企业划分为几个可以独立计算盈亏的单位或事业部门。典型的做法是将企业划分为工厂和销售公司，独自计算盈亏：工厂以一定的价格将产品卖给销售公司，工厂利润等于销售额减去成本，销售公司的利润等于销售额减去购买工厂产品的成本以及其他费用。

推行利润中心的主要目的：集中资源生产那些利润高的产品，将利润低的产品外包给其他小厂生产；权责明确化，为绩效奖惩提供依据以提高各部门的积极性。

但决定是否外包是以成本会计为衡量准则的，看似降低了的成本其实不一定真的为公司降低了成本（见第二章"向成本会计宣战"部分的内容）。另外，小厂产品的质量问题也会伤害到销售公司的利益。

由于某些原因，企业将产品的出厂价定得很高，其结果是账面显示工厂赚到了钱，而销售公司是亏损的；这样不仅会打击销售人员的积极性，更使得绩效奖惩没有意义，一个亏损的公司的绩效奖金肯定不会很高。销售人员和公司的关系因此变得微妙起来。

企业的运营成果最终是由市场来检验的。如果想在市场上有好的表现，就必须实现各个部门协同合作，以企业的最大有效产出为目标。那么，如何使各个部门的利益和企业的利益一致呢？

正如在第一章所讲的，观念瓶颈决定政策瓶颈，政策瓶颈决定能力瓶颈，能力瓶颈决定企业的市场瓶颈或生产瓶颈。企业的瓶颈从表面上看是在市场或者生产，其实质是因为观念上的束缚。要打破企业的瓶颈、增加企业的产出，就必须在观念上进行革新，打破观念的束缚，进而改变企业的政策，提升能力，最终打破市场瓶颈或生产瓶颈，取得效益的提升。

TOC 理论的威力不在于其推导出的一些管理定律以及成功的案例，而在于其管理思想、企业问题解决方法这些"活的灵魂"。

① 整体观、系统观

企业不应该执着于全面改善，而应该从企业整体产出提升的角度来看待企业的问题，聚焦于企业瓶颈的改善。

② 要勇于面对冲突，而不是妥协

在企业管理中，我们经常会碰到各种各样的冲突（冲突的定义见第二章），由于长期得不到解决，人们只好相互妥协。但冲突会愈演愈烈，无法妥协后，最终还是由企业来买单。所以，我们应该正视冲突而不是回避和妥协冲突。

③ 勇于挑战常识、假设，破解冲突

之所以会有冲突，是因为我们被一些错误的常识、假设所误导，才导致我们陷入两难的境地。我们只要尝试着打破构成冲突的错误假设，就能打破冲突。或许打破假设很难，但只要成功了，将会给企业带来质的飞跃。

④ 共赢的思维

如今的竞争已经不是企业之间的竞争，而是一条价值链和另一条价值链的竞争，要提升整个价值链的竞争力，就不能只以企业自身的利益为导向，而是应该确保价值链上的企业都能得到实惠，只有共赢的合作才是持久的。

⑤ 将有效产出会计作为企业决策的参考

⑥ 聚焦五步骤

准备步骤：确定目标，系统思考。

第 1 步：找出系统的瓶颈。

第**2**步：挖尽瓶颈。

第**3**步：迁就瓶颈。

第**4**步：打破瓶颈。

第**5**步：回到第一步，避免思维惰性。

✚ 准备步骤：确定目标，系统思考

很显然，AA 公司的目标是增加销售，进而增加盈利。实现这个目标涉及由供应商、工厂、销售公司、经销商、二批、酒店、消费者组成的这个价值链。我们需要系统地思考这个价值链里面的问题，找出提升整个价值链的产出的方案。

第 1 步：找出系统的瓶颈

AA 公司的瓶颈到底在哪里呢？供应商、工厂、销售公司、经销商、二批、酒店、消费者？

从调研的情况来看，公司除了在旺季时候，交期会延误，平常的产能还是充足的。另外，随着公司的外包生产的规模不断扩大以及新工厂的建立，公司的产能是没有问题的。

公司面临的问题是，在非旺季的时候，只能通过促销等方式将产品满经销商的库存，以打击竞争者争取市场，公司的总体情况是供大于求。我们可以判断出公司的瓶颈在市场。

通过对价值链的各个组成部分的分析，我们得出结论，瓶颈在酒店。

之所以会得出瓶颈就在酒店这个结论有以下几个原因。

（1）消费者对酒店使用什么品牌的调味品不敏感。

（2）经销商作为销售渠道，对商品的扩散起着很大的促进作用，但如果产品不受酒店欢迎，即使大经销商凭着自己的管道优势将产品强推给酒店，或许会有一时的销售增长，但绝不会持久。并且经销商即使和公司关系再好，即使公司给渠道的让利再大，也不会做这种自损的事情。

（3）二批在整个价值链中处于弱者地位，也是什么产品受欢迎、什么产品赚钱就卖什么。

（4）销售公司虽然也存在着各种问题，但销售公司存在的最终目的就是让产品能卖得更多，是处于辅助地位的。

（5）供应商和工厂目前的配置已经使得公司总体上是供大于求，产品的提供基本不成问题。

（6）作为整个价值链的最终购买者，酒店对产品的接受度决定了产品的销量。如果所有酒店都抵制某个品牌的产品，绝大多数经销商和二批也会跟着抵制；如果某品牌受欢迎，那么渠道也会做相应的改变。在资讯和物流日益发达的今天，依靠渠道或者信息不对称的优势来强行销售产品的做法已经越来越行不通。

基于上述原因，在整体上，我们可以得出瓶颈在酒店这个结论，但中国市场发展的不平衡性导致了各个地区的市场基本情况的不一样。在酒店业发展成熟的北、上、广地区，酒店占有很大的主动权，酒店当然是瓶颈；而在中、西部酒店业发展相对落后的地区，经销商对酒店的掌控能力很强，并且调味品在酒店采购的比重也非常小，在保证质量的前提下，酒店不会对经销商送的调味品有太多的挑剔，因此经销商成为了瓶颈。在现实的销售中，我们需要具体情况具体对待。

第 2 步：挖尽瓶颈

在本案例中，经过我们的分析，酒店是公司的瓶颈。挖尽瓶颈也就是要让酒店更愿意购买公司的产品，提高酒店对产品的接受度。那么，如何提高酒店对产品的接受度呢？

（1）如果仅从产品的层面上看，能够行得通的只有两条路：价廉或者物美。

由于调味品行业的进入门槛低，产品同质化严重，很多产品都是靠低价优势占领市场。由于公司走的是中高档路线，降低价格不仅会降低利润，同时对建立起来的品牌也会带来很大的伤害，这条路显然行不通；以现有的生产技术，产品的质量已经能基本满足酒店的需要，即使出现个别的产品质量问题（如包装问题），打折或者其他的弥补措施也能让酒店满意。研发受市场青睐的新品的难度很大，研发不仅会消耗大量的物力和人力，如何推广才能让市场接受也是个大问题。AA 公司一直也在这方面加大投入，目前已成功研发推出了几个受市场欢迎的产品。但总的来说，还是以失败的居多。要以这方面作为突破口，短时间内也是不太现实的。

（2）从调味品同行的做法看，如果调味品购买权在老板，那就让利；如果调味品购买权在厨师长，那就做好客情，搞定厨师长。另外，酒店的客情诸如风扇、厨师服、计算器、餐牌、菜谱等也是必备的。总的来说，也是靠加大投入来维护客情。如果要从这方面做突破，无疑会增加投入和成本。这种做法在开辟新市场时还是很有效果的，但鉴于产品的毛利有限，在成熟的市场企图以更大的让利和更好的"客情"来抢占市场，无疑会得不偿失。

（3）通过投放广告（电视、广播、报纸等方式）来增加企业及产品的知名度，拉伸企业品牌，让更多的酒店了解公司，进而购买公司的产品。事实上，酒店的采购人员对在本地销售的调味品主要有哪些品牌、各品牌的质量、价格等基本都非常了解，投放广告对行业内知名度的提升有限，但对提升美誉度、拉伸品牌有效果。但大规模的广告投放费用，公司目前承受不起。

　　以上 3 条路要么做了效果不大，要么心有余而力不足，公司该怎么办？让我们抛开书本上对营销的晦涩、难懂的定义，凭直觉想一想酒店为什么要购买公司的产品，而不用其他的品牌？那一定是酒店因为购买公司的产品得到了其购买其他产品所不能得到的好处。这种好处要么能给其带来快乐，要么就是能解决其痛苦。

　　事实上，解决痛苦的需求比带来快乐更急迫。比如，生病无疑是件很痛苦的事，如果你不能硬扛过去，那你一定是要去看医生的，而且还会对医生言听计从；而如果你只是很想去找个地方娱乐一下，那么今天去或明天去的差别其实不是很大，并且还会对提供的服务提出各种意见。

　　★ 解决酒店的痛苦

　　酒店的痛苦：

　　厨师长或酒店老板最终决定了调味品的购买，因此我们着重来研究他们。

　　老板的痛苦：

　　（1）原材料成本、人工成本增长过快，利润下滑严重。

　　（2）生意不好，客人不多；

　　（3）不会做酒店促销；

　　（4）酒店的人员流动性大，留不住人；

　　（5）楼面管理知识缺乏；

　　（6）员工素质需要提升，但很多酒店没有专业或精力组织培训。

　　厨师长的痛苦：

　　（1）老板要求的菜的利润太高，难以达标；

　　（2）每个季度必须推出新菜品，难度大，压力大；

　　（3）文化素质不高，社会地位得不到提升，内心尊重得不到满足；

（4）交际圈子不广，提升空间有限，希望得到更多的资源。

如何才能使公司以最小的投入，最大程度地解决酒店老板和厨师长的痛苦呢？

（1）建立网络版的总厨商学院，包括以下内容。

1）厨师长在线学习平台、特色食材、名店、名厨、名菜推介等；

2）酒店管理（中餐厅、西餐厅、火锅店的楼面、后厨、促销管理；

3）厨师网络商学院（视频课程＋专业酒店管理知识）；

4）酒店信息中介、厨师论坛；

5）网络营销宝典、积分营销方案；

6）VIP 厨师系统；

7）通过会员和非会员区别来吸引厨师和酒店老板购买 AA 公司的产品。

（2）名厨代言、名店代言 AA 公司产品，不仅能提高厨师和酒店的曝光率，也能提升 AA 公司的产品品牌，达到双赢。

（3）资助厨师学校，资助未来的厨师长，提升公司的美誉度。

（4）依据销售目标有重点、有层次地做好厨师交流会，扩展厨师的人际资源，提升厨师的业务技能。

以上几点可以通过找专业的咨询顾问公司来策划、解决酒店老板和厨师长的痛苦，而花费也在公司可承担的范围之内。

★ **增加酒店的快乐**

（1）促销包装直接让酒店感受到公司的爱；

（2）对大酒店客户实行年终返利；

（3）酒店现付价格优惠；

（4）酒店采购数量年销量返点；

（5）VIP 学习积分方案（总厨网的积分）；

（6）定期回访客户（客户服务管理流程）；

（7）推介新品和新的培训信息；

（8）VIP 厨师管理系统的启用。

公司通过解决痛苦和增加快乐来赢得酒店老板和厨师长对公司的认同，使之愿意购买公司的产品。

★ 稳固提升"人情"，保持销售队伍稳定

大多数厨师长和酒店老板的文化素质比较低，但很讲义气。如果能和你成为朋友，那么基本就会对你不离不弃。某个大区的经理曾声称其大区之所以有这样的销售业绩，只是因为这些厨师长和酒店老板都是自己的朋友。如果自己跳槽了，那么他们肯定不会再买公司的产品了。这句话虽然有些夸张，但也反映了"人情"的重要性。

为了保持销售的延续性，必须保持销售队伍的稳定性。所以，公司应该采取一系列措施来提高员工的幸福感（措施将在"迁就瓶颈"部分的"销售公司的迁就"中予以说明）。

第 3 步：迁就瓶颈

所谓迁就瓶颈，就是非瓶颈部分都以提升瓶颈的产能为目的来帮助瓶颈，而不是以自身的产能最大化为目的。

在这个案例中，所谓迁就瓶颈，就是那条价值链上的各个部分都以提高酒店对 AA 公司产品的购买为最终目的，而不是以自身为优先考虑对象。比如工厂要关注的不是工厂的产能，而是要考虑酒店需要的产品能不能按时按量交付，我们需要关注的不是在经销商那里压了多少货，完成了多少销售任务，而应该关注怎样去帮助经销商满足酒店对 AA 公司产品的需求。

★ 二批、经销商的迁就（图 3-10）

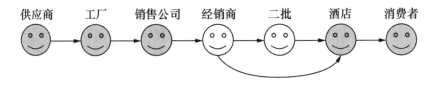

图 3-10　二批和经销商的迁就

二批和经销商是 AA 公司产品流向酒店终端的渠道。如果渠道堵塞，酒店就算有购买的意愿也会出现买不到产品的情况。经销商和二批为什么非要卖我们的产品不可呢？那一定是相比于卖其他的产品，我们能解决他更多的痛苦，或者能给他带来更大的快乐。

二批的痛苦：毛利低，想发展有心无力，等等。

经销商的痛苦：厂家旺季时交货不及时导致生意损失、账期、厂方支持不够、价格体系混乱赚不到钱、厂家的压货行为使得资金紧张、向酒店推广产品难度大、缺乏库存管理及其他经营知识、产品出现质量问题对自己的信誉度打击大，等等。

那么，如何以最小的代价来解决他们的痛苦，并放大他们的快乐呢？

（1）建立网上经销商商学院，为二批和经销商提供财务、库存管理等方面的管理知识，定期、定点举办经销商培训活动，拉近彼此的距离。

（2）优化生产流程，保证产能（详情见本书生产部分）。

（3）建立拉式补货系统，保证快交准交、解放经销商库存，缓解期资金压力（详情见本书配销部分）。

（4）依据经销商规模及其和公司合作的年限，适当延后付款期限。

（5）加快高毛利新品研发。

（6）稳定价格体系。

（7）扶持"二批"示范店。

（8）打造经销商服务体系。

★ 销售公司的迁就（图 3-11）

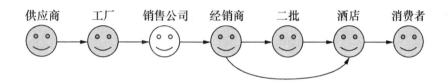

图 3-11　销售公司的迁就

作为一个公司的最宝贵资源，人力资源的重要性不言而喻。一个成功的营销、销售不仅需要好的方案，更需要执行的人。

销售人员的痛苦：

（1）工资不高，奖金太少。

（2）公司的报销费用太少，想扩展业务只能自己贴钱。

（3）每年定的销售任务不合实际，考核也不科学，导致销售上去了，自己的收入没什么增加，干劲不大。

（4）销售要么靠人情，要么就靠一张嘴，销售成功率低，缺乏销售工具和销售技巧。

（5）公司产品出问题了全由销售这边扛，生产那边没什么惩罚，感觉不公平。

（6）希望通过培训提高自身素质，但目前公司给的机会不多。

（7）公司的绩效考核不注重市场的培育，但销售要持续提升又必须注重市场培育，销售人员陷入两难。

（8）大区经理就是高级业务员，不会带团队，没管理技能。

如何以最小的代价解决他们的痛苦，并放大他们的快乐，让他们全心全意地为公司服务呢？

（1）建立新的绩效考核体系，全面提升业务员的待遇水平，改变以往仅仅以销售业绩为导向的绩效考核方式，增加以市场培育、人才培养、市场销售等指标为组合作为大区经理新的绩效考核指标体系。

（2）完善公司的应急措施反应体系，当出现质量问题时予以及时解决。

（3）重新调整销售人员的出差标准，并加大对开发新客户的奖励。

（4）加大各层次业务员的培训，编制销售话术，制定销售流程，新增销售工具，提升业务员的销售成功率。

✚ 销售公司策略的局部观与整体观

现状如下。

（1）定价策略及考核：公司采取逐层加价的策略，即规定每种产品的出厂价，销售公司的绩效等于销售额减去成本（出厂价）。为了在控制成本和增加销售之间保持平衡，销售公司每年都有一定额度的促销经费。销售总经理张总每年的奖金由两部分组成：一部分是总销售额百分比的销售提成，另外一部分是每年促销经费剩余百分比的管理奖金。如果促销经费超支，也要按照超支金额一定的比例扣除张总的奖金。这使得张总陷入了两难境地：为了个人能得到更大的收益，销售提成越多越好，公司的销售额也要越高越好，促销是增加销售的有力手段，所以要加大促销力度；为了能获得更大的收益，管理奖金也应该是越多越好，那么就应该减少促销。张总的烦恼如图3-12所示。到底是应该加大促销力度，还是减少促销力度呢？

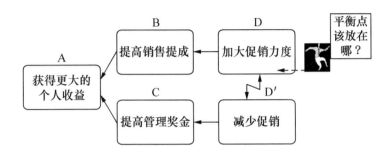

图 3-12　张总的烦恼 1

张总肯定会精心计算并加上以往经验的修正得出一个能取得个人效益最大化的促销金额，作出促销方案 A，也会计算出一个使公司利益最大化的促销方案 B，并会在是为公司创造最大的利益和为自己获得最大效益中纠结，如图 3-13 所示。

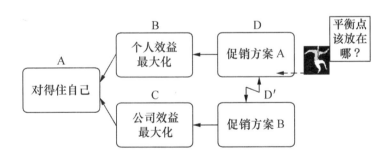

图 3-13　张总的烦恼 2

由于采取高价策略，公司在工厂这个利润中心（见第一章）已经赚取了足够的利润。因此，即使是在销售公司这个利润中心每年都是保本或者亏本的情况下，还能保证整体 20% 以上的毛利。

按照这个定价体系，销售公司的经营无疑是非常不成功的。老板则将销售公司的业绩差归结于销售部门的能力问题和态度问题，这无疑让销售部门的人很憋屈，认为自己创造的价值被抹杀，每年的绩效奖金成了公司的施舍，要增加收入的要求也被销售公司以效益不好为理由给挡了回来。每年年关都是大家最难受的时候，争吵、离职成了年会的主题，公司内部的气氛极不和谐。

业务员面对的是经销商和酒店，由于收入不足，自然会顺带做些兼职，帮其他厂商也推销酒店需要的产品，公司对此心知肚明，但没有精力去监督各个业务员的行为，对此只能睁只眼闭只眼，只要求不兼职推销公司竞争对手的产品就行。至于员工的精力分配问题，管不着也管不了，只能通过拓展培训的方式来提升公司的凝聚力。公司也曾经试图推行 CRM 系统来监督员工的行为，但由于阻力太大而不了了之。

（2）产品选择：为了丰富产品线，公司的产品品类多达 60 多个，但除了包括几个主打产品的十几个品类外，多达 40 多个品类的销售非常不理想。为了改变这种现状，公司对每个员工的绩效考核中都有推新品这一项，但新品由于产品质量不稳定及其他原因推广难度很大，而业务员的绩效是和其销售额挂钩的，推销新品得不偿失。所以，对大多数业务员来说，新品推广只不过是公司为节省开支而减少他们收入的一种方式而已。

AA 公司之所以有这么多品类的产品，其主要目的是为了让经销商和酒店在信任 AA 公司品牌后有更多的选择，购买更多品类的产品。但从目前的状况来看，推新品不仅没有取得更好的经济效益，还对公司的品牌和销售部门造成了很大的伤害。

要改变这种现状，必须改变新品从研发到推向市场的流程：在此前，几个大厨一起琢磨出个很好的调味品，然后经过改良后给员工尝试，差不多了就开始小批量生产推向市场，再制定相关的新品推广奖惩，这个流程就可以了。但在顾客导向型的市场里，如果你的产品不适合酒店，就算你用人情强推，也是没多大效果的。

新品的研发应该是迎合酒店需求的，某品牌的蒸鱼豉油之所以卖得好，有人归结于某大厨的推荐，但归根结底还是因为它解决了大家蒸鱼时，适合的酱油不好调制的问题。AA 公司在研发新品时应该将新品和酒店的菜式联系在一起，并附以相应的用量说明，公司不应该只卖产品，而是应该卖一套菜式的解决方案。新品的研发不应该是闭门造成，而应该吸取业务员对酒店的反馈后再进行。

★ 工厂的迁就（图 3-14）

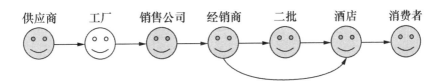

图 3-14　工厂的迁就

工厂的快交、准交对整个销售起了很大的促进作用，我们通过工厂的成产流程的改善来提高快交准交（见后面生产部分）。

★ 供应商的迁就（图 3-15）

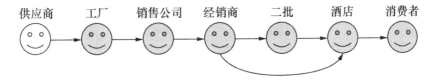

图 3-15　供应商的迁就

改变以往一次性进货的政策，通过拉式补货的方式，保证工厂的销售（见本书配销与供应链部分的描述）。

第 4 步：打破瓶颈

在本案例中，公司主要的销售对象是酒店，在通过价值链分析后，确认酒店是瓶颈。那么，AA公司的产品是不是只能卖给酒店，还是能卖给其他的对象？如果能卖给其他对象，又需要有什么样的支持呢？

通过我们的了解，公司的有些业务员也将产品零星卖给火锅店以及西餐厅。经过分析我们发现，只要产品做少量的适应这些市场的调整，我们是完全有能力进入这两个新的领域的。

民用市场也是个很大的市场，但进入的投入和风险较大，需要我们谨慎对待。我们建议公司采用区隔市场的方式，进入民用市场的某个细分市场，在这个市场里销售的产品的价格和数量不会被另外一个市场的价格和数量所影响。我们区隔市场，但不区隔资源。例如，可以通过对现有销售人员进行专业知识培训的方式，使得业务员掌握民营市场的销售技巧，并且也能使业务员技能得以提升并提高收入；现有的经销商也有些是综合性的既做酒店、西餐厅、火锅店也做民用渠道的，我们可以与之进行更深入的合作。

第5步：回到第1步

我们即使通过改善，使得公司的产出得到了明显的增长，但也不能故步自封，必须每经过一段时间后再从第一步开始，以保证企业的基业长青。

改善效果：在2013年酒店行业普遍不景气、调味品行业普遍下滑10% ~ 15%的情况下，AA公司业绩逆势上升，增长幅度达到了10%，顺利增员20人。在统一的目标下公司内部关系和谐，业务员干劲十足，业务队伍、市场培育等也取得了明显的改善。

展望：AA公司已取得了长足的进步，但还可以做得更好。

（1）由于某种原因，工厂和销售公司还是两个独立核算的部门，没有完全按照有效产出观来给公司的决策做参考，工厂的加价太高，销售公司可操作的空间有限，导致很多市场策略不能实施。

（2）虽然已经有很多受经销商欢迎的措施，但在思想上还是有优越性，还没完全把经销商看作平等的合作伙伴，这个观念的转变需要一个过程。

（3）全国还有很多空白城市，渠道下沉的工作还可以继续加强。

（4）干锅油连锁酒店的策划已经基本完成，等待实施。

（5）火锅店和西餐厅的相应产品已经投产，市场效果也不错，但还有上升的空间。

3. 这家企业到底应该如何往前行进？

2005 年，某公路养护设备公司（简称"M 公司"）领导告诉我，公司已经到了生死抉择的紧要关头，这番表达让我们感觉到这个咨询案的压力着实不小。

经过了解，该公司属于某著名上市机构投资的新兴产业，为独立财务核算的全资子公司，开发的产品为公路养护设备（产品都有自己独立的知识产权）。随着中国公路的里程越来越长，基础设施投入也越来越猛烈，该公司产品的市场前景被极其看好。5 年前，集团投资该项目时，曾经做了一个投资战略规划，其中提到：公司投资的上亿元资金，必须在 5 年内得到项目现金收益回报。如果花光了账户里的投资款而没有任何回笼资金的迹象，则该项目经过集团内部审计评估程序后，被封杀的概率大于 90%。也就是说，该公司最迟应该在 2005 年要有不断的产品和服务输出，产生销售收入。而当公司领导找到我时，该公司的产品仅仅试销了 2 台设备，根本谈不上持续的现金回款；距离集团规定的最后期限（战略检讨会议）只有半年左右的时间，也难怪该公司领导个个都顶着巨大压力。

带着这样的疑问，我们到该公司的各个系统进行深入调研，客观的调研是咨询工作的第一步，调研中，我们发现了如下问题。

（1）该公司的管理模式参照集团总部的模式进行设计，组织架构针对产品情况做了一定的微调，公司分为 4 个子系统联动作业，每个系统按照利润中心模式运作，分别为：管理中心、生产中心（含研发和采购、物流，生产运作）、营销中心、销售服务中心；各中心采用利润中心模式进行管控，都采取了绩效考核管理，各自考核自己的 KPI 指标（主要指标为部门利润、费用预算使用情况、成本控制的业绩表现），独立核算利润；该公司当时采取的策略是以产定销（新产品作为一种新的技术创新成果投入到一个成熟的公路养护市场），公司根据研发和生产进度，生产出几套备用产品，销售人员根据公司的生产成果，到各地公路养护企业进行推广销售。

（2）市场营销系统运作方面：公司产品为自主研发的新品牌，市场认可度极低，公司产品在两个准客户处以试用的名义在操作，公司没有开展特别的市场品牌运作手段，仅针对不同产品做了一套产品手册和使用保养手册（参照其他设备类公司的做法）；公司实施的销售方法是上门推销，销售人员都是按照总部培训储备干部的方法从学校招聘的应届毕业生，经过培训后上岗，这些营销人员虽然有不错的销售理论功底，但对自己将要面临的市场环境不是很熟悉（有趣的是某个员工白天到一高速公路养护公司谈业务，晚上竟然不知道如何从高速路上下来），对产品的应用方面也缺乏实践了解。

（3）销售服务中心：该部门原来属于市场营销中心，因该产品一旦投入使用，则会产生售后服务和保养的问题，而市场营销中心缺乏这样的团队和技术积累，故该公司成立了一个独立的中心来应对客户的这些需求。而该中心员工在与我们的面谈中对市场部门和生产部门的抱怨不少。主要投诉产品本身质量不过关，售后问题多，客户抱怨大。不得已，公司安排每卖出一台设备就配备两名技术服务人员全程支持客户。

（4）生产运营中心：研发、生产、采购和物流一体化运作，公司采用了精益生产技术，各配件车间实施了"批"的概念进行排单。由于公司销售业绩不好，而公司员工如果没有一定的加班费用又会大量辞工，基于生产部门的考核标准，生产中心组织了一些"适当"的加班，让员工加工一些设备的配件储存在仓库（虽然客户订单还没有正式到达，大仓库里的半成品逐渐增多了），而员工在月底考核时可以确保得到适当的收入；公司的供应商系统支持较弱，出现过多次不准时交付的情况，对生产进度有一些影响。研发方面，公司挖聘行业里面的著名专家成立研发部，支持生产的正式操作，但公司没有实施项目制的生产和运营管理。研发部门完全根据生产指令来安排技术支持，涉及一些技术革新的工作则进展滞缓（比如对于客户投诉的一个螺丝紧固的技术问题，接近半年了尚未得到彻底解决）。

面对这样的一个企业，该如何改变它的绩效呢？如何开展咨询呢？

就采用前面我们学习过的系统性管理改善的有效工具——聚焦五步骤（F5）来看看这个企业应该如何前进吧！

✚ 准备步骤：确定目标、系统思考

首先，看看战略和目标层面，该公司对于公路养护设备行业而言，属于新进入者（新技术在公路养护方面的新应用），除非你可以解决客户的一个巨大痛苦，才有可能被客户开心地接受；而保持原来的传统技术的设备公司的价格竞争极具优势，在客户资源方面，全国的公路养护系统的联系方法等较容易获取。也就是说，只要 M 公司可以向客户证明采用新的技术更环保，更有经济和社会价值，客户才有可能决定试用 M 公司的这项新技术。另外，M 公司的客户大多属于上市公司或国有企业，这类企业采购大型设备或价值达到数十万元以上的订单，都会采用招投标的方法来选择供应商。根据之前的行业调查数据，M 公司的市场空间极其不错，公司一旦成功进入该行业，就进入了一个全新的成长型市场领域，对该集团的转型、升级是一个非常好的策略性投资。

公司的长远目标是希望成为该行业的技术创新带头人，占据行业前五的市场地位。但是，当前的目标是：不能被集团封杀项目或全盘重组，公司需要大量现金流以确保企业的正常运转，一旦投资款用尽而没有新一轮投资，项目就会死亡。

为此，公司必须确保当前的销售收入快速变现，而持续的盈利又会给公司带来新的信息和信心，集团如果发现 M 公司的业绩表现持续不错且接近或符合当初投资的预期（至少不要偏离预期太多），这个企业被保留下来的可能性是很大的，公司的几百名员工也不用担心被辞退。

第 1 步：找出瓶颈

M 公司的瓶颈到底在哪里呢？生产？研发？销售？销售服务？

市场调研—产品研发—生产（采购、生产）—销售（上门销售）—售后服务

一般来说，如果一个企业的商品供不应求，那原则上应先从公司内部查找瓶颈，再思考其他；而如果公司的商品库存多，市场表现不好，那就要先从市场的角度看看问题出在哪儿？进一步讲，是否因为某种制度设计导致了瓶颈的产生，又或者是因为公司坚持一种"错误"的观念而导致公司员工的行为出现问题进而出现瓶颈？

基于逻辑思考和咨询的经验，我们把该公司的瓶颈锁定在市场（M 公司车

间产能足够大，但设备销售约等于仅两台车在外试销），也就是说，公司的市场进攻能力无法匹配公司产能。

瓶颈在市场，就必须考虑企业的 3 种能力：市场营销能力、销售运作能力、销售服务能力。那么，究竟是哪种能力无法满足市场？

调研发现，公司过去几年在这个新技术应用推广方面做了大量工作，行业的客户群基本都知道了该公司的产品的性能和价格等，客户拜访、媒体宣传也做得不少。另外，为了产品的销售，公司还规定每台设备配备两名专职技术服务工程师（如果某客户购买更多 M 公司设备，也同样由这两名工程师为其提供技术支持服务），这项决定在行业里也算是创新做法了。

通过进一步分析，我们发现，该公司客户以上市公司、国营企业（高速公路公司或市政工程公司等）和政府主管单位（交通、公路主管单位）为主，这类单位采购设备时一般采用招投标的方法进行，供应商必须熟悉这套规则才能将设备销售给客户，客户的主管采购的领导或主管人员年龄以 40 岁以上的居多，他们对道路养护状况极其熟悉……M 公司为销售配备的业务员是什么样的呢？应届毕业生到达 M 公司后经过几个月的训练经考试过关，就是合格的业务员了，他们就要被外派去客户单位交流和推广产品（以及产品所附带的一套新的公路养护方案），业务员对政府招投标模式谈不上很熟悉，对当地的道路特点、养护技术等也不太熟悉，年龄普遍在 30 岁以下，有满腔激情但社会经验不够丰富，不少业务员经历了一段糟糕的销售经历后选择了离职或换岗……

经过综合分析和系统思考，我们判断，该公司的瓶颈就在销售能力打造方面。同时，我们也找到了问题产生的原因：原来，该公司的销售系统是模拟母公司的做法进行选人、培训，但 M 公司的业务模式和母公司原来的产业根本不同（母公司训练出来的业务员会做卖场业务即可，属于坐店销售，等客上门一对一销售；而 M 公司业务员需要和一个个陌生客户成功预约、上门拜访，并进行技术交流、设备演示、公路养护方案策划和演讲，安排招投标联系事宜、客户公关等）。我们需要可以满足 M 公司产品销售的专业销售代表（不仅销售技术要好，对政府招投标流程、道路养护工程、方案式销售方法等也要熟悉）。

为什么该公司会出现这样的情况？

经过深入调研后我们才知道，该公司作为子公司，极其遵循集团的文化，故照搬了集团的业务员训练方法（课程体系、能力指标等），但并没有对自身情况进行深入思考；事实上，本公司的业务人员要求（素质、能力结构等）和集团的要求存在很大的区别。

进一步思考：该公司采用的是业务员上门找大客户——推销的方法是唯一的销售方法吗？

第 2 步：挖尽瓶颈

既然我们已经知道销售能力为该公司的瓶颈所在，那就应该先让瓶颈本身的产能实现最大化发挥，怎么发挥？针对企业实际，我们做了如下调整。

（1）市场定位方面：从公司的养护设备系列中，确定其中的两款沥青路面养护设备为核心产品，也是需求最大的一类产品，而该产品的同类竞争品在技术上都落后 M 公司的很多；M 公司提供的这类设备极大解除了原行业中的技术难题，有非常好的性价比，该产品属于公路养护行业的顶尖产品。

（2）销售队伍的调整：公司彻底调整销售代表的人员构成：以直接招聘有丰富销售经验且了解公路设备市场、精通公路养护设备行业的招投标作业模式的业务员工为主开展销售工作，而原来从学校直招大学生培养的人员计划可作为战略补充。

（3）销售政策调整：除了原来一次性设备购买方案，新增两种方式来服务客户：一是允许客户分期付款，降低一次性资金投入（需要适当的担保手续）；二是允许客户采用租赁的方式得到设备（和租赁公司、银行三方开展合作），客户定期支付租赁费用，设备租赁到一定期限后客户可以用少量的钱买断设备残值。

通过以上几种策略性的调整行动，公司的销售动态开始悄悄发生变化。

第 3 步：迁就瓶颈

要确保瓶颈处的效能最大化地被利用起来，其他部门和业务子系统就务必要为了瓶颈的工作而适当的迁就。

（1）公司组织系统调整：将原来按照部门设计的组织架构和职责分工，按照项目制的原则进行调整。提升研发部门的级别，强化研发部门的技术研发和技术支持，公司的订单实施项目管理制结合部门别管理。

（2）生产方面：将运营政策从以产定销改为以销定产，车间根据销售的预测和订单开展生产计划安排。除了必要的库存缓冲配件、零件需要提前准备外，公司不得额外生产太多的库存设备。当然，库存的整机设备也应适当备份几套以备缓冲。另一个生产方面的改变是将生产计划的模式从流水式作业模式（参照 M 公司的母公司而设计）改为项目制的生产计划，每一个订单作为一个小项目，设立项目负责人管理机制。

（3）研发方面：该产品的技术含量极高，综合技术水平要求高，研发部门原来仅为归属生产部门的一个小车间而已，技术专家的力量没有得到良好发挥，而 M 公司的设备属于涉及机电、电气、机械、电磁、汽车、公路等多专业的集成研发和制造。大量的部门间协同工作需要一个个项目总工程师来负责。

（4）人员管理政策方面：首先，改变销售队伍的选人、育人政策。该项政策的调整，最直接的效果是获得了即可变现的销售能力。其次，公司原来采用的绩效考核管理没有什么实际的激励效果。原来的考核都是以部门为中心进行考核，大家只是关注自己本系统内的个人考核名下的科目，而对公司是否盈利似乎不太关注。不少人反映，M 公司有个"好婆家"，不怕它破产。最后调整后的绩效管理坚持两点：一是坚持系统思考，整个公司的绩效管理必须一盘棋思考，公司的目标必须和个人挂钩，公司的盈利表现和个人考核结果挂钩；二是公司的绩效管理必须坚持整体观，没有公司整体的业绩表现，考核的价值无法体现。为此，在个人考核的指标提取方面，直接和公司整体利益挂钩。其他原有做得不错的制度继续发扬光大。通过迁就瓶颈的思考和安排，整个公司的关注焦点都发生了变化。本位主义的作风逐步减少，公司员工一致关注和跟踪来自市场末端的业务信息、客户意见或建议等，大家都明白，没有客户的关注和热情，公司的产品将无法得到客户的青睐。

第 4 步：打破瓶颈

在原有基础上，公司想加快销售的业绩变现的速度，而且，作为一个全新的公路养护设备类产品，确实需要在一些地方树立一些"典型客户"，以验证产品的可靠性。为此，经过研究，大家又做出以下决定。

（1）新增渠道开发部。由于原来实施的大客户终端销售方法，在一些大城市客户集中的地区还比较好操作，但对全国 30 多个省、200 多个城市而言，公司要在短时间训练成熟几百人的销售队伍有些压力，而开发当地的代理商、经销商服务当地的客户是一条好路子；同时，公司对代理商采取区域保护制度，提高他们的销售积极性。在找代理商时，优先找熟悉当地公路养护设备市场、公路养护工程公司的企业，M 公司提供完全的培训和现场销售技术指导。当地的代理商（经销商）只需要完成销售动作，负责设备售后的信息联络即可，而 M 公司的售后服务人员每次到当地服务也在代理商处一并配合实施，大家以双赢的思路完成销售全程。

（2）售后服务部门更新策略，针对新设备市场接受起来有些心理预期效应的问题，公司安排每台车配备两名跟车售后服务工程师，实施全天候 24 小时随呼随应，创行业先河。

第 5 步：克服惰性、重新检讨以上步骤

根据对 M 公司业务价值链的分析，我们发现该公司有进入下游的市场机会，完全可以开辟一个新的细分市场，即业务链延伸作业：在战略上选择合适的公路养护工程公司，以 M 公司的设备作为固定资产入股，双方合作开发公路养护工程项目，以工程带动设备的销售，并借机进入一个新的市场空间。

基于以上聚焦五步骤的分析和思考，公司为第二年及后续 3 ~ 5 年的经营战略重新作出规划，并排出时间进度表一一跟进。

业绩表现：项目自开始后的一年内，销售出 30 台设备，公司的主营业务收入达到 8 000 多万元。集团在项目年度审查会议上当然保留了这个欣欣向荣的战略项目。

利用聚焦五步骤的改善技术，获取的成果真是印证了我们前面章节提到的"管理其实很简单"。

4. 项目管理

项目管理其实就是一个准公司化的运营模式。

常见项目管理的问题清单：

- 过多改动；

- 过多返工；

- 项目资源不能按时到位；

- 不能及时拿到所需资料（规格明细、设计、资讯）或物料；

- 不能及时获得相关授权或批准；

- 优先顺序频繁改动，并引起争执；

- 超支。

以上是企业高管和项目经理对项目抱怨最多的方面。由于项目完成情况不理想而使得企业遭到重大损失的例子也比比皆是，如"因为某个项目的延期，导致失去了 6 个月的销售""项目的质量不过关，顾客纷纷改投到竞争对手那里"，等等。

项目管理有个著名的 2 法则：**即花费的时间是原计划时间的 2 倍；花费的经费是预算费用的 2 倍；承诺完成的时间是实际可以完成时间的 2 倍！**

我们用尽各种方法企图去改善项目流程，企图将项目管理的"通病"各个击破却还是顾此失彼。"准时完工""内容完整质量保证""不超支"这 3 个条件互不相让，如果迁就一方必定是以牺牲另外两个方面为基础。在进行项目改进的过程中我们陷入了如图 3-16 所示的冲突：要达到对项目的原有承诺，一方面我们要承诺在出现危机时必须实施抢救，所以当因为预估不足或考虑不周使得某个子项目出现问题时，我们必须采取行动，不然整个项目的承诺就不能保证；另一方面我们需要不危及其他承诺，所以面对某个子项目出现问题时，我们不能采取行动，因为采取行动而浪费的资源和时间会使得我们的其他承诺完成不了。

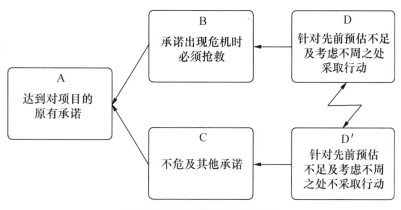

图 3-16　项目管理的基本冲突

　　根据第二章对冲突的定义，我们知道，冲突是可以被打破的。接下来，我们将介绍如何打破"因采取补救措施而浪费的资源和时间会使得我们其他的承诺完成不了"这个假设，使我们从项目管理的冲突中实现突围。

　　项目作为一种一次性和独特性的社会活动而普遍存在于我们人类社会的各项活动之中，企业的运营中也不免会牵涉到项目，如修建大桥、建设厂房，等等。

　　项目具有以下几个特征：

　　（1）一次性活动，具有不确定性；

　　（2）有指定的完成日期与预算限制；

　　（3）达到的效果需符合一定的要求；

　　（4）内容不能随便删减；

　　（5）资源的调配有限制（可动用的专家、人员、设备等）；

（6）可能跨部门，且牵涉的层面很多而且复杂。

我们目前的项目管理理念是：要确保项目准时完成的方法是努力使项目的每一任务准时完成，要尽量充分利用资源以保证整个项目的效率。这个理念以及项目的特殊性造成了如下后果。

（1）任务时间的博弈

我们要求每个任务的项目经理给出任务的完成时间并按照承诺完成，但项目的特殊性导致了每个任务完成时间的不确定性，如图 3-17 所示。比如一个任务 50% 的可能性能用 4 天完成，但非常有挑战性，而 80% 的可能性是 8 天能够完成。为了确保承诺，项目经理会给自己一定的缓冲时间，一般会给出的承诺是 16 天或者更长的完成时间；而负责整个项目的项目总经理对此也心知肚明，会尽量砍掉任务的时间，经过双方博弈后，整个任务的承诺时间会是 10 天左右。

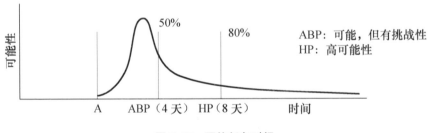

图 3-17　预估任务时间

（2）学生综合症：临时抱佛脚，不到最后关头不动工

对于每个任务的经理来说，项目的任务并不是他唯一的工作，他会将精力放在他认为重要紧急的事情上，直到发觉项目的这个任务迫在眉睫才会动工，就像读大学的大多数同学一般都只会在考试前几个星期才会拿起书本进教室自习一样。由于将任务的缓冲时间浪费了，任务的准时完成率可想而知。

（3）帕金森定律：工作总会将时间填满，提早完成不会汇报一个经理提前完成了自己的任务，如果他提早上报的话，上级就会认为他的这个小组完全有能力在这么短的时间内完成类似的任务，下次派任务时就会压缩这个小组的完成时间；而这个经理也不能保证下次还能这么早完成任务（基于项目任务的复杂性的考虑），于是当下一次提早完成任务后，他会一直拖到承诺时间，再汇报给上级。

（4）汇合：任务相依与资源相依造成项目的衰减

任务相依是指只有完成了上一步的任务，我们才能开始下一步的任务。

任何任务的延迟会产生递延效应，任何任务的提早完成，对项目准时完成没有帮助，还会造成资源等候闲置。

（5）多项目与多任务

为应对"多项目"及人手不足，几乎所有机构都采用"灵丹妙药""多任务"：分派两个或以上的任务给一个人，要他同时完成，以尽量利用时间和人力资源。恶性"多任务"表面上看是节约了资源和时间，但实际上"被多任务"的人对此深恶痛绝。由于工作经常被打断，大量的时间浪费在任务切换的过程中，效率极其低下，"多任务"其实是最大的浪费。

如果要大幅度改善项目管理的现状，我们必须要做到如下两点：

（1）预估不能变成承诺：方案必须大幅度减少安全时间（缓冲时间）的浪费，项目子任务的节约时间应该被充分利用。

（2）消灭恶性多任务。

✚ 避免恶性多任务

第 1 步：找出系统的资源瓶颈。

项目的资源瓶颈一般都是工作量最高的资源，即恶性多任务最严重的资源。

第 2 步：为瓶颈资源排程尽量利用其有限的产能。

第 3 步：根据瓶颈资源已经排程的任务编排各项目的启动，做好计划。

> 注意：不要启动计划之外的项目任务，即使资源闲置着。通常除了瓶颈资源外，其他的项目任务也可能会出现资源争夺的情况，我们不应该浪费时间去化解；各任务因受到各种意外事件的侵袭而造成的延误，不值得我们花大力气去研究。

有什么方法能打破安全时间被浪费的做法呢？

将安全时间集中在适当的地方如放在项目末端作为缓冲。由于我们应该保护整个项目的完工期，而不是每个任务的完工期，我们应该把每个任务的安全时间全搬到项目末端，以保护整个项目的完工期。

（1）如何确定每个任务中的安全时间

目前流行的做法是做一些统计上的衡量或者要求做预估的人提供交货期，大家以自己的经验作答，认为任务的安全时间所占整个任务的时间非常少。

我们需要精确地计算各个任务的安全时间吗？答案是否定的，因为这些计算要花费太多的精力。不管是通过统计上的衡量，还是预估人根据自己的经验所提供的交货期，都需要考虑所遇到的各种情况的概率并做复杂的计算，这样做是不划算的。我们只需要大致地了解安全时间的时长就行了。

（2）我们需要如何安排安全时间来保证项目的如期完工

只有打破帕金森定律和学生综合症，才能使得安全时间不会被浪费、赚取的时间会累积、赚取的时间和延误的时间能相互抵消。所以，我们要减少原来任务的安全时间，具体的做法是将预估时间减半，将剩下的一半的时间作为项目总的安全时间。

我们以一个简单的单项目为例，介绍如何运用聚焦五步骤来改善项目。

某项目的完成需要 A、B、C、D、E、F 6 个人工作，其工作的预估时间如图 3-18 所示，C、E、D 需要 A、B 完成任务后才能开始工作，F 只有在 C、D、E 都完工了后才能工作，我们该如何管理整个项目？

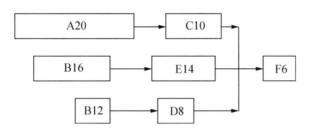

图 3-18　某项目的工作预估时间

通常的做法：首先，我们会和这 6 个人谈话，企图继续精简预估时间，经过妥协，这 6 个人预估时间大概会平均减少 10% 左右。

接着，我们会督促他们尽快开工，不要浪费时间，但是由于学生综合症的存在，他们还是会在自己认为合适的时候开始工作。由于缓冲时间被浪费，会出现某些人如在预估时间内没完成任务的情况。根据帕金森定律，即使某个人提前完成了任务，由于完成任务时间的不确定性，为了不给上级精简自己预估时间的借口，一定会"准时完成任务"。即使有些"愣头青"如 C 提前完成了任务，但由于 D、E 资源任务没有完成，F 资源不能开展工作，节约的时间也是白搭。

B 是这个项目中的多面手，也是各个项目任务经理争夺的对象。作为妥协，也为了尽量发挥 B 的效率，我们安排 B 同时做两项任务。但由于任务切换的时间浪费以及任务切换时人的调整时间的浪费，B 不仅感到痛苦，效率也直线下降。我们不管用什么方法来刺激 B 的积极性也收效甚微。

虽然我们很努力地在完成这个项目，但还是延期了，项目的质量也只是马马虎虎。现在让我们运用聚焦五步骤来找到这个项目管理的解决方案。

✚ 准备步骤：确定目标，系统思考

首先，我们确认项目管理的目标是什么，我们的目标是在保证质量和不超支的情况下尽可能地缩短整个项目的交期。我们的目标是项目整体的效益，所以，我们应该基于项目整体来考虑项目管理改善，而不应该专注于项目的每个任务的效益提升。

第 1 步：找出系统的瓶颈

是什么最终决定了项目的完成时间？是考虑了资源争夺情况后组成的有依存关系的最长的一串任务，这串任务就叫作项目的关键链。

本案例中的关键链就是 B 工作 12 天，B 工作 16 天，E 工作 14 天，F 工作 6 天这一串任务，如图 3-19 所示。

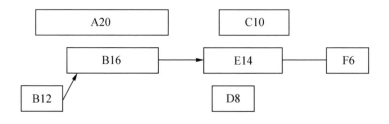

图 3-19　项目的关键链

第 2 步：挖尽瓶颈

将分散在关键链上的安全时间收集起来以保护整个项目的按时完成。将关键链上的每个任务的预估时间减少一半，将减少的时间集中起来，并将减少时间的一半作为整个项目的缓冲时间。

本案例经过以上操作后，关键链上的任务的时间如图 3-20 所示。

| B6 | B8 | E7 | F3 | 安全时间 12 |

图 3-20   调整后的关键链上的任务的时间

第 3 步：迁就瓶颈

非关键链任务的延误不能连累关键链的延误。

将非关键链每个任务的预估时间减少一半，将减少的时间再减去一半，用来在接驳点建立接驳缓冲，如图 3-21 所示。

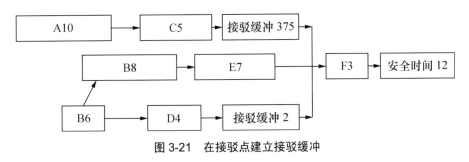

图 3-21   在接驳点建立接驳缓冲

项目关键链的建立，保证了瓶颈资源不会不良多工，最大地利用了瓶颈资源的效率。由于所有任务的安全时间全被减少并作为接驳缓冲和整个项目的缓冲，每个任务没有了安全时间后都会非常紧张，学生综合症和帕金森定律的影响将不复存在，项目的延迟时间和赚取的时间能够相互抵消。项目各任务的启动以最大程度满足关键链效率为导向，并根据自身的情况实施。

项目的缓冲管理：对项目的现况做判断与比较，关键链任务已完成的百分比、关键链的项目缓冲消耗的速率、保护关键链的项目缓冲消耗的比率相对关键链任务已完成的百分比。如果某条任务链出现了异常，就可以提早进行补救。

上一个案例演绎的是单项目环境中的项目管理，而如今很多组织都在多项目环境中运作，所谓的多项目环境是指不同的项目"共享"或"争夺"一种或几种相同的资源。

对于多项目环境下的项目管理，我们所需要做的也是先找出"关键资源"。当然，这个"关键资源"不是某个项目的，而是公司所运营的所有项目的"关键资源"。依据"关键资源"建立所有项目的关键链，建立接驳缓冲和项目的总缓冲。由于"关键资源"的产能是有限的，这也就提醒我们在接新项目前，要考虑下我们是否还有剩余的产能。

这里需要指出的是，各个项目的负责人必须严格按照所有项目的关键链安排自己项目的流程，必须以所有项目的早日完工为目的，而不能仅仅为了自己项目的早日完工。

✚ 项目缓冲管理

（1）依据缓冲消耗确定优先级别，关键链上的任务先于非关键链上的任务；

（2）同种类的缓冲，已消耗比率越大的任务先于消耗比率小的任务；

（3）优先级的考虑是，先看缓冲种类（项目缓冲优先于接驳缓冲），其次看已消耗比率。

对于项目管理，通常的做法是项目开工越早，完工也越早。我们要打破恶性循环，必须将项目开工时间错开。而过分错开，则有可能导致资源使用不足，故需要找出工作负荷最重的资源，针对该资源进行排程，充分利用该资源的产能，并根据该资源的排程编排各项目的启动时间。我们需要保护整个项目的完工期，而不是每个任务的完工期，把每个任务的预估时间减半，将拿走的安全时间中的绝大部分放在项目中，确保项目如期完工；同时，减半后的预估不会视为承诺，完不成不会被罚。

运用 TOC 的聚焦五步骤进行梳理。

第一步：找出制约因素，即有依存关系的最长的一串任务，即关键链。

第二步：挖尽制约因素的潜能，将分散于关键链每个任务的预估时间减少一半，将减少的时间总和的一半作为项目缓冲，用来保护关键链。第三步：迁就制约因素，即非关键链的任务延误不应该连累关键链，将分散于非关键链的每个任务的预估时间减少一半，将减少时间总和的一半放在接驳点作为接驳缓冲，用来保护非关键链的延误不会造成关键链延误。

在多项目环境下，当一个资源面对两个或多个任务时，任务的优先级先看缓冲类别，后看缓冲侵蚀程度。评价不同项目的进展程度时，可以从 3 个方面进行衡量：关键链完成了多少百分比；项目缓冲侵蚀百分比与关键链完成百分比的比较；项目缓冲侵蚀的速度。

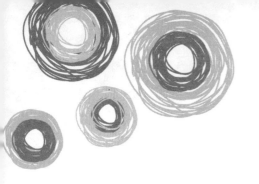

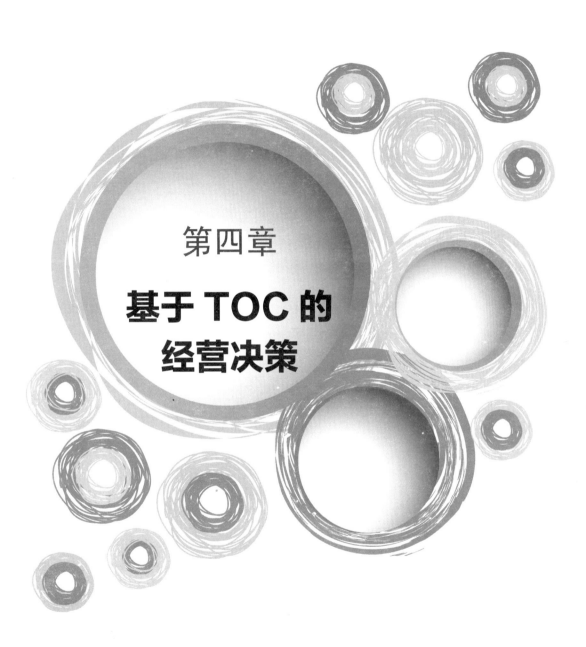

第四章

基于 TOC 的
经营决策

企业经营的本质

经济学奠基人熊彼得说过：创新是企业家的本质。TOC 在企业的有效运用正是一种简洁有效的管理创新。

---

1. 关于利润

当问及什么是企业时，一个普通商人的答案通常是："一个创造利润的组织。"经济学家的答案也是如出一辙。但是这个答案不仅是错误的，而且答非所问。

这并不是说利润和盈利能力不重要，但利润不是企业和企业活动的最终目的，而是企业经营的限制性因素。利润并不是能解释所有企业活动与决策的原因，而只是检验企业效能的指标。即使是那些不以盈利为目的的公司，尽管他们对赚钱毫无兴趣，还是必须关心企业的盈利能力。

　　企业的首要任务是求生存。换句话说，企业经济的指导原则不是追求最大利润，而是避免亏损。企业必须设法赚取额外的资金，以足以承担企业经营中不可避免的风险，而这种风险预备金唯一的来源就是利润。的确，企业不只需要为自己的风险预做准备，还必须面对亏损，因为在经济的新陈代谢中，总是会有些企业亏损累累，销声匿迹，而这些都关系到社会的利益。企业必须负担社会成本，对于学校、军备等有所贡献，企业必须赚钱缴税。最后，企业还必须创造资本，以满足未来成长、扩张所需。但是最重要的是，企业必须有足够的利润来承担风险。

　　总而言之，追求最大利润是否为企业经营的动机仍值得商榷，但企业绝对需要赚取足够的利润，以承担未来的风险，至少需要获取必要的利润，以保存生存资源，继续在现有行业中求生存。企业通过对"必要的最低利润"设定严谨的限制，并检验其有效性，来影响企业的行为和决策。**为了经营，管理者必须设定相当于"必要的最低利润"的经营目标，建立明确的标准，来评估利润表现是否达到目标。**

2. 企业的目的

　　如果我们想知道企业是什么，我们必须先了解企业的目的，而企业的目的必须超越企业本身。事实上，由于企业是社会的一分子，因此企业的目的也必须在社会之中。关于企业的目的，只有一个正确而有效的定义：**创造顾客。**

　　企业家必须设法满足顾客的需求，而在他们满足顾客的需求之前，顾客也需感觉到那种需求。就像饥荒时渴求食物一样，不能被满足的需求可能主宰了顾客的生活，在他清醒的每一刻，这种需求都盘旋在他的脑海中。但是，在企业家采取行动满足顾客的需求之后，顾客才真的存在，市场也才真正诞生，否则之前的需求只是理论上的需求。顾客可能根本没有察觉到这样的需求，也可能在企业家采取行动——通过广告、推销或发明新东西来创造需求之前，需求根本不存在。企业的行动创造了顾客。

是顾客决定了企业是什么。因为只有当顾客愿意付钱来购买商品或服务时，才能把经济资源转变为财富，把物品转变为商品。企业认为自己的商品是什么，并不是最重要的事情，对于企业的前途和成功尤其不是那么重要。顾客认为他购买的是什么，他心目中的"价值"何在，却有决定性的影响，将决定这家企业是什么样的企业，它的产品是什么，以及它会不会成功兴旺。

顾客是企业的基石，是企业存活的命脉，只有顾客才能创造就业机会。社会将能创造财富的资源托付给企业，也是为了满足顾客的需求。

3. 企业的主要功能：营销和创新

由于企业的目的是创造顾客，任何企业都有两项基本功能，而且也只有这两项基本功能：营销和创新。

营销是企业的独特功能。企业之所以有别于其他组织，是因为企业会营销产品或服务，任何通过营销产品或服务来实现本身目的的组织都是企业。任何**一个不从事营销或偶尔从事营销的组织都不是企业，也不应该把它当成企业来经营。**

事实上，由于营销扮演着如此重要的角色，单单建立起强大的销售部门，并赋予营销的重任还不够——营销的范围不但比销售广泛得多，而且也不限于专业活动，而是涵盖整个企业的活动，是从最终成果的观点来看待整个事业。换句话说，是从顾客的角度来看企业，因此，企业的所有部门都必须有营销的考量，担负起营销的责任。

4. 企业是现实经济成长的器官

单靠营销无法构成企业。在静态的经济中，不会有"企业"，甚至不会有"企业家"，因为在静态的经济中，"中间人"只不过是收取中介费用的"经纪人"罢了。

只有在不断扩张的经济中，或至少是视变化为理所当然且乐于接受改变的经济中，企业才可能存在。企业是经济成长、扩张和改变的具体器官。

所以，企业的第二项功能是创新，也就是提供更好、更多的商品及服务。**企业不一定需要成长壮大，但是企业必须不断进步，变得更好。**

创新可能表现在更低的价格上——一直以来，经济学家最关心的就是这点，原因很简单，因为只有对于价格，经济学家才能用量化的工具来分析。但是，创新也可能表现在更新更好的产品上（即使价格比较高），或提供新的方便性、创造性需求上；有时候则是为旧产品找到新用途。推销员可能成功地把电冰箱推销给爱斯基摩人，用来防止食物结冻，这样的推销员和开发出新程序或发明新产品的人一样，是"创造者"，卖冰箱给爱斯基摩人冷藏事物，等于发现了市场；卖冰箱给爱斯基摩人来防止事物过冷结冻，事实上等于创造了新产品。从技术层面来看，产品还是旧产品，但从经济角度来看，是一种创新。

创新出现在企业的各个阶段，可能是设计上的创新，或产品、营销技术上的创新；可能是价格或顾客服务上的创新，企业组织或管理方式上的创新；也可能是让生意人承担新风险的新保险方案。创新发生在各个领域中，无论是对银行、保险公司、零售商店，还是对制造业、工程公司而言，创新都同样重要。

因此，在企业组织中，创新和营销一样，并非独立的功能，需要创新的不限于工程或研究部门，而是延伸到企业的所有领域、所有部门、所有活动中。不只是制造业需要创新，销售渠道的创新也同样重要，而保险公司和银行业的创新也很重要。

5. 有效利用一切创造财富的资源

企业必须掌握创造财富的资源，以达到创造顾客的目的。因此企业重要的管理功能之一，就是有效地利用一切创造财富的资源，从经济角度来说，则称之为生产力。

在过去几年中，几乎每个人都在谈生产力。提高生产力——更有效地运用资源——不单是提高生活水准的关键，也是企业活动的成果，这已经不算什么新观念了。但我们其实还不太了解生产力是什么，也不懂得如何衡量生产力。

生产力意味着所有生产要素之间的平衡，能以最少的努力，获得最大的产出。这和每位员工的平均生产力或每个工时的平均生产力是两回事，这些传统标准充其量只是含糊地反映了生产力的部分事实。

原因在于，传统的标准仍然执著于 18 世纪的谬误，认为体力劳动力是唯一的生产资源，体力劳动是唯一的真正"努力"，这种观念表现了机械论的谬误，认为人类的所有成就是最终都能以劳动力为衡量的单位。但是在现代经济体系中，生产力的提升从来都不是靠体力劳动而达成的。事实上，企业从来都不是靠增加劳动力来达到提高生产力的目标，而是用其他方式取代体力劳动之后的结果。当然，其中一个替代方式就是资本设备，换句话说，以机械能取代体能。

最近的研究情况（比如斯坦福研究院所做的研究）清楚地显示，西欧和美国的生产力差距与资本的投资问题并不相关。许多欧洲产业的资本投资和设备都和美国企业不相上下，然而西欧产业的生产力只有美国同产业的 2/3。唯一的解释是相对于美国，西欧企业高度依赖人工技能，管理者和技术人员所占的比例较低，而且组织结构较不完善。

6. 企业管理

那么，什么是"企业管理"？根据对企业活动的分析，企业是通过营销和创新来创造顾客。因此，企业管理必须具备企业家精神，而不是只是决策工作。

由此可见，管理企业必须是一项创造性而不是适应性的任务。**管理层越是创造经济条件或改变经济条件，而不是被动地适应经济条件，才能把企业管理得越成功。**

但是我们对于企业本质的分析显示，尽管企业管理最终要靠绩效来检验，但管理是理性的活动。具体而言，这表示企业必须设定具体目标，表达企业预期想达到的成就，而不是像追求最大利润的理论一样，只把目标放在适应可能的外在条件。因此，设定目标时必须把目光紧盯预期要达到的成就，接下来才应该考虑如何自我调整，以面对可能的状况。管理层因此必须决定企业究竟应该从事什么样的事业。

7. 绩效管理

所谓绩效管理，是指各级管理者和员工为了达到组织目标共同参与的绩效计划制定、绩效辅导沟通、绩效考核评价、绩效结果应用、绩效目标提升的持续循环过程，绩效管理的目的是持续提升个人、部门和组织的绩效。

讲到绩效管理，我们不得不提管理学大师彼得·杜鲁克于 1954 年创立的名词：目标管理，即以目标为导向，以人为中心，以成果为标准，而使组织和个人取得最佳业绩的现代管理方法。

相对于美国的"目标导向考核"，即只注重结果、忽视过程的考核机制，只问绩效不问过程，中国企业更倾向于日式的"过程管理"，即制定严密的规章制度，并严格执行，奉行"只要有对的过程就一定有对的结果"。

但不管是哪种方式的考核，我们都不能回避一个问题：**我们对员工的考核是基于什么目标，这个目标的达成是不是有利于企业战略目标的实现，企业的战略目标的制定是否合理？**

我们再来看看 M 公司这个案例。当初我们进入公司调研时，公司已经制定了一套绩效考核管理制度和操作办法。该公司采用类似 KPI 的方法实施考核，当时各部门管理员和我沟通得最多的就是：费用预算监控很小心，否则容易丢掉年终奖和季度考核奖；销售绩效主要分配给销售部门，生产部门只管接单生产，能否卖出去不用担责任；质量部门更有意思，除了原物料和配件的检测外，整机检测必须依靠技术部门联合进行，这使得该部门的考核指标被定义为质量合格率而已。通过问卷调查和走访我们发现：公司员工抱怨最多的就是兄弟部门不支持自己的工作，内耗严重。大家很关注自己的考核指标，但似乎不太关注公司是否赚钱，不少人认为自己的公司背后有个大集团，集团不会随便把自己的子公司给关掉，重要的是不要违反公司的政策就好了。从公司员工的面部表情和状态上观察，公司的员工工作积极性实在一般。为什么会这样呢？

一家公司推行绩效管理最本源的目的是提高雇员的积极性。站在组织行为学的角度分析，我们很清楚地知道：人都有需要被认可的内心需要，而且，被认可的方法最好可以用最简洁的方法表现出来。如果公司采取绩效管理和考核的方法对待员工，那么，最好考核的结果可以体现员工在公司的价值。因此，有人说过这样一句俏皮的话：**企业怎么考核员工，员工就会表现怎样的针对性行为**。如果考核的方法不科学，员工的行为表现出"疯子"一样的模样也不足为怪。或者说，员工只关注被考核的项目，只关注对他有影响的考核条款。

如此一来，我们就要思考，应该给员工一个怎样的考核方法呢？

还是先回头看看，企业当初为何要制定一套考核方法或系统、制度吧。企业无非希望用一套制度来保障企业的持续盈利。如果企业采用了一套绩效考核方法，但并未给最终的目标达成带来正面的影响，甚至给企业带来了负面效应，那岂不是得不偿失？

基于 TOC 的系统观思考，我们可以得出结论：如果企业采用局部观思考、策划一套绩效考核方法，则被考核的员工就会关注那些局部的利益和得失，对个人、部门利益感知甚至强过对公司整体利益的关注。如果我们换一种方法——采用整体观的方法策划一套绩效管理方法，则员工就会关注那些被考核的代表整体利益的考核指标和数据（见本书前面章节描述）。

为此，顾问们开始对 M 公司原有绩效管理的操作方法进行"微手术"。

（1）公司各部门考核的核心指标均采用公司整体业绩指标（以销售收入和

利润、客户满意为核心的一组指标）作为标准，按照一个系数分配到对应部门，各部门的表现直接和公司效益挂钩。

（2）部门内部各班组的考核根据公司目标达成所必须具备的条件进行罗列，找出核心 KPI，结合行为事件考核方法进行操作。

（3）利用岗位价值模型理论，我们对不同岗位的价值进行评估，确定各岗位的价值表现，我们设定一个合理的系数，将个人（个体岗位）的绩效表现和公司的收益进行挂钩考核。

结果表现：公司的部分岗位在岗位价值分析中被重新定位，考核指标系统在原有基础上进行优化，如果公司没有很好的收益表现，则员工的浮动工资（绩效工资）也会直接受到影响；虽然实施过程中有少数基层雇员认为"我只是一个普通员工，自己的本分已经做得很好，为什么公司没有挣到钱和我这个小小职位有关系？那应该是公司高层的责任，我的责任应该就是本职工作不出错而已……"等，但在多轮次的培训后，员工们终于明白，大家都在一条船上奋斗，没有了公司的发展，个人的利益将无法得到保障；只有每个人以公司的发展为己任，绩效考核的初衷才可实现。

该公司实施新的绩效制度后，工厂不再仅因为考虑员工的"加班申请"而安排生产，转而考虑市场的需要采取是否安排生产，工厂内部的零配件库存也逐步优化，公司的中高层浮动工资不再旱涝保收，而是和公司销售业绩挂钩可上可下；基层员工的奖金和当月公司销售挂钩，每月统计，每季度结算。公司的效率也有好的变化，最明显的变化是人人关心公司的销售收入的变化（有趣的一个现象是，不少员工纷纷主动请缨，联系自己故乡的人际资源，协助公司在当地的二三线城市寻找合适的代理商）。项目结案时的结果当然非常令人满意，项目结束时，在总结会议上有位公司高层这样说："本次咨询项目，表面上看似乎项目组没有像以前的老师们一样，给我们留下一大堆的文件表格，没有什么成果留下；但事实上，本次项目非常成功，改变了我们公司的运转模式，突破了我们的管理观念，四两拨千斤在管理上的表现原来如此，而且，集团公司非常认可项目给公司带来的正面变化，非常肯定本次项目的结果⋯⋯"M 公司的本次管理改善项目后来被集团评价为集团创新代表项目。

8. 财务管理

　　财务管理（Financial Management）是在一定的整体目标下，关于资产的购置（投资）、资本的融通（筹资）和经营中的现金流量（营运资金），以及利润分配的管理。财务管理是企业管理的一个组成部分，它是根据财经法规制度，按照财务管理的原则，组织企业财务活动，处理财务关系的一项经济管理工作。简单地说，财务管理是组织企业财务活动、处理财务关系的一项经济管理工作。

　　财务部门的权力如此之大，以至于对企业的发展起着至关重要的作用。具体来说，财务部门主要有以下的权力：

　　（1）参与公司重大经营决策，为决策提供财务数据和信息；

　　（2）参与年度、季度、月度生产计划的制定，并提出意见和建议；

　　（3）参与年度、季度、月度销售计划的制定，并提出意见和建议；

　　（4）参与年度、季度、月度采供计划的制定，并提出意见和建议；

　　（5）对其他部门实施财务监督和考核，对违反财务制度的部门、分支结构和个人给予处罚；

　　（6）部门内部员工聘任、解聘的建议权，要求相关部门配合相关工作。

作为企业从微观到宏观的最终绩效的衡量尺，如果财务管理出现问题，那么对企业来说，绝对不是什么令人愉快的事情。

在生产力不发达、卖方市场的年代，由于供小于求，产品只要生产出来就不愁销路。要取得最大利润，降低成本成了最直接也是最有效的方法，成本会计大行其道。但在生产力发达、顾客导向的年代，只有顾客最终购买的产品才能算是真正有效的生产，以往将产品生产出来就万事大吉的时代已经一去不复返了。专注于成本降低的成本会计明显已经不能满足日新月异的市场变化，在新的环境下如何通过有效的财务管理为企业的发展做指导呢？

在前面的章节我们已经通过李先生创业对成本会计和有效产出会计做了对比，通过瓶颈的概念以及聚焦五步骤描述了基于整体观的财务管理：即通过分析找出制约企业获利的瓶颈因素，通过聚焦五步骤使得瓶颈产出最大化以达到企业获利最大化。

9. 基于整体的思维决策——用案例分析问题

以下为咨询顾问们在企业咨询中常常会碰到的问题，假如您的企业出现以下问题：

"利润始终没有增加""新产品研发迟迟没有进展""同事间缺乏团队合作意识""会议和报告多得一塌糊涂""客户满意度持续下降""工作现场缺乏热情""市场竞争日趋激烈残酷""市场占有率持续走低""销售额不见增长""营运能力下滑""产品的品牌竞争力下降""产品价格下跌厉害""产品的销路不通""项目研发计划过多""生产成本一直居高不下""订单常常无法按期交货"……

——你会怎样面对？

如果这就是你公司的现状，那么，试想一下，当所有问题都解决后，情况会怎样呢？比如，"利润不断增多""新产品研发进展飞速""同事间合作开心""会议和报告不多，但业务进展有序""客户满意度也有提高""工作充满斗志热情""在激烈的市场竞争中不断取得新的有利的市场地位""市场占有率不断扩充""销售额持续走高""营业能力步步增强""产品品牌影响力与日俱增""产品价格稳定略有上升""产品畅销""研发项目计划较多，但进展顺利""生产成本大幅降低，企业利润不断提高""产品一直能够实现准交快交"……

企业界的同仁，无论是谁都希望开创出这种局面。

那么，企业家是否会按照以下方法来展开行动呢？

比如，你决定：

如果"利润始终没有增加"，就应该开展成本削减活动；

如果"新产品的研发迟迟没有进展"，就应该采取特别措施加强研发进程管理；

如果"同事间缺乏团队合作"，就应该在办公场合挂上"团队合作"的标语，提醒大家注重合作；

如果"会议和报告太多"，就应该推进企业信息化进程，帮助解决报告书编辑程序复杂的问题；

如果"客户满意度持续下降"，就应该积极开展客户满意度调查或顾客拜访，找出问题的根源所在；

如果"工作现场缺乏热情"，就应该采取财务措施鼓励大家鼓起勇气、振奋精神；

如果"市场竞争日趋激烈残酷"，就应该全力以赴，甚至不惜降价来提高市场占有率；

如果"市场占有率持续下降"，就应该冷静分析市场，策划提高市场占有率的策略；

如果"销售额下滑、萎靡不振"，就应该激励大家的斗志，争取取得突破；

如果"企业的营业能力下降"，就应该引进先进的 ERP 管理系统，以便一目了然地把握营业进展状况；

如果"产品品牌竞争力下降"，就应该研发新产品，采取新的市场营销策略；

如果"产品价格下滑厉害，甚至狂跌不止"，就应该大力开展促销行动，采用各种商品折扣或附带赠品的方式，赢得消费者的青睐；

如果"产品销路不顺畅，库存积压严重"，就应该集中精力，开展促销活动，尽快消减不合理库存；

如果"研发计划过多、量大"，就应该组织各研发团队进行小组加班，争取一个一个地顺利拿下；

如果"生产成本一直居高不下"，就应该开展"成本节约月"活动，千方百计地降低成本；

如果"产品无法按期准交快交"，就应该计算产品交货延迟率，按月实施生产绩效考核管理……

这些解决措施看起来都是就事论事、有的放矢的，理应是日常工作中最为有效的应对策略。

但是，根据我十几年的咨询经历发现，采用这些措施取得显著成果的案例寥寥无几，甚至有些企业在采取措施后，不仅原来的问题没有得到解决，反而又产生了新的问题，这究竟是为什么呢？（还记得盲人摸象的故事吗？）

咨询师们将企业以上决策方法称为"基于局部思考的方法"，这种方法是否解决问题了呢？

答案当然是"没有"。

不妨再问问企业家群体，大家所见的"问题"真的是问题吗？也许是一些"不良现象（效果）的集合"而已，或者称之为表象问题罢了。

"利润始终没有增加""新产品研发迟迟没有进展""同事间缺乏团队合作意识""会议和报告多得一塌糊涂""客户满意度持续下降""工作现场缺乏热情""市场竞争日趋激烈残酷""市场占有率持续走低""销售额不见增长""营运能力下滑""产品的品牌竞争力下降""产品价格下跌厉害""产品的销路不通""项目研发计划过多""生产成本一直居高不下""订单常常无法按期交货"……这些情况真的就是我们所谓的问题吗？

什么是问题？问题就是企业在达成目标之前存在的各种矛盾，与其称之为问题，不如称之为不良效果（给企业造成了某种痛苦的现状而已）。

还记得前面章节提到的"感冒"症状处理吗？没有弄清问题的实质就采取所谓的措施，真的可行吗？**同样，如果我们采用这种方式处理周围存在的各种难题，认真查找出现问题的根本原因，那么，所有的难题岂不都迎刃而解了？**

让我们按照逻辑的思维来一起分析下上述问题产生的根源。

为什么利润始终不见增长呢？经过细致思考后，我们发现这种情况是企业库存过多、市场占有率低下、生产成本一直居高不下、销售额萎靡等多重原因共同作用的结果。

销售额下滑、萎靡不振是市场竞争日趋激烈，或产品品牌竞争力不足导致的，而不是由运营能力下降所引起的。

企业运营能力下降难道不是公司的产品缺乏市场竞争能力、产品经常延期交货或者同事间缺乏合作等不利因素综合作用的结果吗？

如果公司产品缺乏市场竞争能力，而市场竞争又如此的日趋激烈，那么，产品价格持续走低岂不是必然的结果？

在日趋激烈的市场竞争中，如果企业的运营能力不断下滑，生产出来的产品又缺乏市场竞争能力，实在无法满足市场的需求，那么产品的市场占有率下降也就不足为奇了。

另外，产品销路不畅通、库存积压严重也是有一些原因的。随着顾客满意度持续下降，产品的市场竞争能力会不断降低，企业的运营能力也会随之不断下降。这样一来，库存积压岂不就越来越严重了？

如果公司为了抢进度，布置大量研发计划，超出员工能力的承受范围，而且同事间又缺乏团队合作的意识，那产品的研发进度怎能快得了？

而在企业销售额萎靡且不见增长迹象、利润报表的数据始终不好看的前提情况下，上述不良效果会相继出现也就见怪不怪了。

为了解决这些棘手的问题，企业内部召开各种各样的研讨会议，但又没有真正解决问题，这样一来，岂不是更严重地挫伤了员工的工作激情？

一旦员工缺乏工作激情，同事间的良好合作关系岂不就要丧失殆尽了？如果按照这种思维模式来推理，似乎此前列举的各种问题表现或症结，都与同事之间缺乏团队合作意识的情况存在有一定的联系。

对于不少的企业当事人而言，问题往往是多个外部原因共同作用的结果。例如，销售额下滑不仅仅是由于销售管理出现了问题，同样也可能是企业多方面多个问题作用的结果。

接下来，我们需要思考什么是造成问题的元凶？

通过以上逻辑顺序的思考，我们可以发现，造成各种不良症状的原因往往都在外部，认识到这一点非常重要。也就是说，正是因为原因在外部，我们才可以将造成不良症状的理由全都归结到外部。

马克思说：事物之间都是相互联系的。因此，弄清事物之间的联系、寻找如何解决最靠近问题的本质的现象是至关重要的。就以上实例来说，根本原因就在于"缺乏团队合作意识"的企业文化上。

我们是否就此打住了吗？当然不可以。我们需要弄清为什么会出现这种"缺乏合作意识"的企业文化。单靠管理层呼吁"大家要通力合作"就足够了吗？是不是只要企业管理层、中层干部、基层班组长和一线员工整天把"通力合作"的口号挂在嘴边，大家就能团结一致、互助合作了呢？

是不是在工作现场挂、贴几张宣传标语，或者给每个员工都发一个印有口号的宣传单，就可以增强大家的团结意识，促使每个人积极地投身到工作中呢？

如果大家冷静清晰地思考，就会发现"缺乏合作意识"的问题一定存在某种外部诱因。

在以往的管理咨询经历中，我们常常有以下发现。例如，在某些企业实行的以每位员工作为独立个体进行单独考核的绩效目标管理制度下，员工们为了个人利益积极努力，甚至拼抢仅有的公司配备的公共资源，为了利益不得不相互竞争，员工之间的竞争关系远大于合作关系，这样的企业文化可想而知；而另外一些企业，对一些项目负责人实施独立考核，项目负责人在面临评估机制的考核压力下，一样需要经过激烈的内部竞争才会有机会得到适当的高额度奖金。为何如此？因为企业管理层会根据各个项目的核算情况对项目进行独立评估，这样一来，企业内部竞争的惨烈程度就可想而知了。在这种局面下，不管你心地多么善良，恐怕都要不可避免地有所保留，不敢轻易与竞争对手合作。制度在无声地指引队员前进，恐怕就是这个道理。

就不少我们采访的企业中高层而言，如果面临这种状况，他们大多会全力以赴关注自己和所在团队的绩效管理，不管上级怎么要求团结合作、相互关怀，也只当作耳旁风。退一步讲，就算有心想帮助对方，也根本没有时间和精力。

通过多年咨询，我们发现：不少企业喜欢从局部影响来考虑问题，就事论事是最常见的口头禅之一；但问题没有解决，为什么不考虑采用另一种方法来解决问题呢？比如，采用整体的观念来思考问题，找到根本的原因再做具体改善措施岂不是更妙哉！

就以上案例来说，当我们采用新的思考问题的方法并确定问题的核心本质后，就可以采取有效的 TOC 分析问题的方法去寻找问题的答案了——基于系统的思考和逻辑推理去寻找问题的背后真因，进而采取有效措施去解决问题，这正是 TOC 理论的一大有力贡献。

比如，我们通过"逻辑分析和推理"，可以将那些看似没有联系的独立事物紧密联系在一起，这有利于人们从逻辑角度更为清晰地把握事物的因果关系及内在联系。如果我们平时能够多注意发掘"联系"，就可以将看似复杂的问题转化为极为简单的问题，并妥善地予以解决。因此，我们可以应用这种思维方式来解决实际问题，不管是日常生活中的小事，还是公司中复杂的战略、运营、人事关系等，**只要把握了因果联系，就等于找到了解决问题的钥匙。**

在这里，最为重要的是"联系"。我们在解决问题时，往往会把关注的焦点放在孤立的现象里，然后对一个个现象进行重点分析，并逐个解决。实际上这种处理方法是片面的、孤立的，很容易陷入"只见树木，不见森林"的误区，难以把握问题的核心，在这种方法的指导下，大家很容易把精力集中在分析和解决琐碎问题的症状上，置核心问题于不顾，结果反而会影响解决问题的效果，导致情况不断恶化。

我们需要重视的是各个现象之间"相互联系"的部分，然后认识到正是这种联系导致了所有问题，这一点非常重要。**既见树木又见森林——这就是 TOC**

经营决策的思考模式，我们鼓励企业家朋友用"联系"的观点看问题。彼得·圣吉在《第五项修炼》中特别提到：企业家和个人都应该学会"系统思考"。而 TOC 中国化咨询正是结合国人的思维习惯，对此理论在中国的实际运用进行持续改进及优化，让大家在系统思考的模式下学会清晰思考、正确判断，而我们对此方面的研究和追求则应该抱着永无止境的态度才是正道。

10. 企业常见经营决策案例分析

过往的管理咨询经历让我发现，企业家们在做各种经营决策时，常常会出现这样或那样的问题。当然，最终必须依照事实来判断。毛主席说：实践是检验真理的唯一标准！作为企业家，当以下情况出现时，您是如何决策的呢？

以下几种情形为管理咨询专家们的经验总结，看看和您想的是否一样。

（1）利润增长方式之一：抓有效产出，不要轻信效率

有效产出就是卖出的产品减去该产品所用掉的原材料的价格或称完全变动成本，注意，"亏损"产品（"产品成本"高于售价）的有效产出不一定是零或负数。

效率是每台机器的利用程度，或工人干活时间与总工作时间之比。高效率是指不停地生产。不生产效率为零，不停机始终工作效率为 100%。

利润等于有效产出减去经营费用（P=T-OE）。如果卖同样多的产品，而机器（或工人）开动得比较少，存货则会比较少，经营费用也比较少，利润就比较多。

很简单吗？但现实中，无论你还是其他人都希望全公司人人都忙忙碌碌。这是追求高效率的心态使然。事实上，公司只有一两个关键性资源（也就是瓶颈）应该满负荷开动，其他资源无须高效率。

有效产出的增加取决于能否提高对瓶颈的利用程度。

第1步：要找出系统的瓶颈（制约因素）；

第2步：要决定如何挖尽瓶颈的潜能；

第3步：让公司所有一切迁就上一步的决定，令瓶颈发挥最大的产能。这里没有要求其他（非瓶颈）资源发挥最大的产能。

如果人人都高效率，公司盈利保证不会好。如果你不信，硬要让每一台机器都充分开动，那么就等着尝苦果吧。

（2）利润增长方式之二：要保护瓶颈，不要面面俱到

如机器A是瓶颈，说明机器A多生产一件产品（或一个零件），工厂就会多卖出一件产品，利润就会相应地增加。

如果市场是瓶颈，说明任何超过"极限"的销售所需的产品都可被满足，公司也就能更多赚钱。

根据不同情况，把保护性缓冲设在需要保护的资源前面。

如果机器A是瓶颈，就为机器A制定专门的排程，保证所有待机器A加工的原料或半制品提前等候，不要使机器A等米下锅。

如果市场是制约，则必须在发货区提前准备好要发送的产品，千万不要指望在最后一刻赶工装船。

总是赶在最后一刻的话，很多订单必然无法按期交货，信誉下降，损失也会随之而来。

千万不要为每一台机器排程。

如果不仅为瓶颈排程，也为其他每一台机器制定严格的排程，则公司一定会把交货周期拖得很长，不能准时交货。

（3）利润增长方式之三：改变绩效考核方法，马上就会效益倍增（当然，

是从局部思考转换为系统思考）

如果你的公司还在采用"每小时件数"（每小时吨数、每分钟次数）这样的指标衡量员工和部门的绩效，那么公司的存货一定很多，公司的交货周期很长，准时交货表现也很差。甚至人际关系也问题多多。

如果将公司的衡量指标改为 TDD——"有效产出 · 元 · 天"来衡量的话，则很快就会显现效益的增加。

例如，一个订单价值 10 万元，交货延期 5 天（或因质量不合格交货后被退回，在仓库呆了 5 天才重新交货），TDD = 10 万元 ×5 天 = 50 万元 / 天。

TDD 的最佳表现是 0。整个公司对部门和管理者以 TDD 作衡量的话，面貌就会大变样——人人都重视按期交货，也会更重视质量，公司盈利增长也不在话下。

利润有 3 个基本的衡量指标：T · I · OE(有效产出、库存和经营费用)。

不要采用"部门的利润"、"产品成本"、"库存增值"、"效率"这些考核指标。

公司的目标是创造利润，是公司整体创造的利润，而瓶颈才是利润的控制点。

（4）利润增长方式之四：做投资决策必须观察 3 个参数

下属向你建议购买一台设备（或投资一个装置），你当如何做决定？对于下面 3 个参数必须要予以考虑。

- 买了这台设备能增加有效产出吗？

- 设备投资能使经营费用降低吗？

- 设备投资是否能使存货降低？

设备投资若能让以上 3 个参数朝好的方向改变——有效产出增加、经营费用减少、库存减少，那就是有效的投资。当然，如果有效产出增长很多，经营费用增加得不多，那也是好的投资，否则就不能算是好投资。

再把你以前做的投资决策一一拿出来再做一次评估，看看它们真的必要吗？

第一，买了这台设备能增加有效产出吗？

- 也就是可以帮助多卖出一些产品吗？

- 如果是，基本上可行。

- 请计算一下有效产出，并看看通常需要多少时间能收回投资（ROI）。

- 不超过 2 年的话就好。

- 良好的设备投资有时几个月甚至几星期就可以回收。

- 最重要的设备投资就是能直接帮助有效产出的投资。

第二，设备投资能使经营费用降低吗？

- 如果是人工减少，必须是公司减少了工资支付，也值得考虑，但同样要算算投资回报率。

- 能减少经营费用的投资是第二重要的投资。

第三，设备投资是否能使存货降低？

- 例如，在工厂投资一个仓库，把大部分渠道中的库存拉回工厂，使整个配销系统分配机动性大大提升，而且系统总库存也得以降低。

- 这样的投资也是极好的投资。

- 不过很多人说这样做是傻子，因为渠道存货通常是经销商的存货，关我什么事？

- 殊不知，整个配销系统的问题最终就是你自己的问题。

（5）利润增长方式之五：决定零件是该自制还是外购的评价方法

不要相信成本会计的数据。有成本资料告诉你自制零件的成本是 10 元，外购是 8 元，要不要采用外购？传统理论说：坚决外购。实际可能是错误的！为什么？很简单，零件的成本价格是猜出来的，是不可靠的。也请你想一想，产品成本或零件成本中的人工费和管理费用是怎么分摊的？有没有猜的因素？恐怕猜的因素不少吧？另外，你花 8 元外购，自制零件中的人工费可以省掉吗？只要工人还在公司里，你就不能省钱。决定是否外购的最重要的参考因数还是看对有效产出增加是否有益——外购以后是否公司多卖产品了？例如，帮助瓶颈增加产量了，或直接购入后经非瓶颈机器加工后就可卖出，那时才需要外购。

（6）利润增长方式之六：**只要重排产品优先顺序就能增加利润**

假定公司有 2 个产品：A 和 B。如果产能不能满足市场需要，必须有所舍弃，那应当优先生产哪一个？习惯上你会观察会计数据，看看价格、成本和毛利，哪个多就优先生产哪个，没错吧？实际上，这样做决定往往是错的！为什么？传统会计根本不会考虑瓶颈因素。不同产品通过瓶颈资源时占用的时间不同。要观察瓶颈单位时间的有效产出才能做出正确的判断。有很多产品订单，又不能百分百产出，就要把所有订单列出，将每个订单的产品按"瓶颈单位时间有效产出"原则排优先顺序，丢掉优先顺序最靠后的那个订单，而不是丢掉"毛利额"较少的。只要你这样重新排序，其他事情都不必做，利润就会显著增加了！

（7）利润增长方式之七：**改变供应链管理，把多数存货拉回工厂**

生产出来的产品你一刻都不希望让它停留在工厂的仓库里？结果产品都堆在流通环节的仓库里。你暗暗窃喜？如果你有很多种产品的话，很快你就会发现某个规格的产品这里有多余，那里却在缺货。相互调剂既花时间又浪费金钱，还会造成终端销售机会的丢失。此外，由于同样的问题还造成很多不必要的工厂赶工。

问题的关键是，只有在最靠近产品源头的地方，对需求的预测才最准确。现实中大家都习惯让零售终端先做预测，而事实是零售终端的预测最不准确。所以，大多数产品应该存在工厂仓库，而及时掌握渠道和零售端每天的消耗数据，并采用快速频密补货的方式，使整个配销系统效益最大化。

当然，工厂仓库并非胡乱存货，而是要根据需求预测结合生产周期因素来确定每一存货单位（SKU）的库存目标，同时进行动态的缓冲管理。采用快速频密补货的另一个必要条件是工厂生产周期显著缩短，这就必须要用到 TOC 生产管理方法了。

以上咨询总结是否经得起推敲，还是那句话：实践是检验真理的唯一标准。

+++

案例： **珠宝销售的"DNA 复制"——探寻企业稳健快速成长的"复制密码"**

2004 年，一家成长型的珠宝连锁销售公司（为便于描述，以下称之为 H 公司）找到我们，诉说了公司不少成长的烦恼。该公司成立不到 10 年，从做珠宝加工贸易开始起步，组建工厂主攻出口；1999 年，公司开始在亚洲地区自租街铺、在大商场租赁专柜销售自创品牌的珠宝和黄金产品，公司自此进入终端零售市场。对于消费者极其看重品牌美誉度的珠宝产品来说，该公司只能算是一个新兵，属于珠宝业的新晋力量。在发展过程中，公司高层明显发现以下问题难以解决（屡次重复发生）。

（1）公司制定 3 年规划，希望 3 年内开店达到 100 家，但实际上一边开新店，一边又因为经营的原因关闭了一些老店（但究竟是什么具体原因导致一些店铺亏损，各部门意见不一，最后考虑某店的经营收入实在弥补不了店铺租金和人工就实施关店作业），目标和实际的差距太大，各部门把目标当笑话对待，当前就维持在 20 ~ 30 个店铺的中间状态。

（2）公司各店铺每日返回大量数据，形式不一（手抄版、复印版、电子版），营运中心的销售助理几乎每日加班到晚上 11 点才能核算完毕来自前线的信息。

（3）针对前线店铺要求退换货的处理极其缓慢，个别店铺的退换货需要 2

个月才能回馈客户，被客户投诉过多次。

（4）公司成立了商品本部及配送中心，然而发错货、补货缓慢等被前线同事连连抱怨，每次公司召开运营检讨会议，大多以争吵开始，以争吵结束，公司部分高层甚至怀疑本公司的产品采购和加工、配送能力是否无法满足 30 个店？更别想以后还要追加 100 个店了，而该企业的长远规划是要开 1 000 个店以上。

（5）公司高层对这种无休止的会议争吵感到厌烦，而问题并没有得到解决，公司高层过去两年多次更换一些中高层的主管、经理职位，但效果甚微。

如何解决该企业成长的烦恼呢？有没有简洁有效的运营模式可以简化被该公司领导层抱怨的运作机制呢？

+++

企业成长的规则不可违背!

利用系统性管理改善方案操作思路，我们对这家成长的企业进行了解剖和分析。

我们从本书前面章节了解到：一家企业之所以在社会存在，究其缘由，无非是它可以为社会（客户）提供有价值的产品和服务；而如果一个企业要想长期经营下去，就必须有能力持续为客户提供有价值的产品或服务。也就是说，企业有一个特别的可以长期存活下去的基因即"DNA"，也有朋友把它理解为企业可以参与竞争、赢得生存的"核心竞争力"，有一个优质的基因是一个企业做强的根基。而如果企业要想发展壮大，则需要有一种方法可以复制其成功的DNA，企业没有复制自己成功关键因素的能力，则无法做大规模。当企业发展到一定阶段时，我们发现很多企业就停滞不前了，出现了成长的"天花板"。这个时候，必定是该企业系统中出现了某种瓶颈，阻碍了企业前进；企业只有突破了瓶颈，才会有质的提升或飞跃。

经过深入了解，我们才知道，该公司的各部门都有一种极大的工作压力，那就是目标和现实之间的差距如此之大，该怎么办？当人们没有弄清事物背后的规律时，做出一些让人困惑不解的决定，或不适当的交流是可以理解的，对吗？很明显，该公司从一个出口企业转换为以连锁零售为主的业务模式，企业必须明白新业务模式的特征才行。

如何解决该公司的问题呢？

我们来看看 H 公司的业务价值链条：

研发—生产（采购和加工、检验）—包装和配送—终端零售—消费者

按照系统性改善的思路，我们第一步是确定企业的目标。H 公司的目标非常明确：3 年 100 家店的增长（其潜台词是这 100 家店的平均销售额总和估计为 4 亿元），而现在只有 1 亿元的营业额。

根据调查，我们发现该公司的生产和研发能力在业界处于领先地位。而确定的 100 家店的目标是考虑市场增长容量，另外，该公司的中期 5 年目标是 1 000 家店。我们采用归纳法发现，公司要想达到 100 家店的正常运营规模，且每家店的运作要规范，盈利要符合预期，那么，该公司必须确保自己已经完全掌握了每家店的运作规律才可以。而一边开店一边关店，对员工士气打击很大。

第 1 步：确定瓶颈

H 公司的瓶颈是什么呢？从该公司历史可以看出，公司原来的运营系统是一套基于外贸和生产为核心的管理系统和业务模式，但面对零售实业，原来的诸多管理制度和部门设置等方面严重阻碍了公司零售事业的发展。我们基于综合思考和判断，确定该公司的零售运营能力打造出了问题。如果不能有把握地去成功营运每一家店，该公司就算开了更多的店又有什么用呢？零售运营能力是指什么呢？仅仅是指店面员工的销售能力、服务技巧，还是商品陈列等？答案是否定的。我们认为：一个店面的运营能力至少包含两部分内容：一是台前工作（包括店面销售人员管理，销售过程管理及销售技巧训练，店面营销，商品陈列），二是台后工作（包括商品配送，商品数据分析系统，店铺人员招聘和培训等人力资源管理，采购和供应商管理，IT 支持系统，财务和安全管理）。

另外，请进一步思考，是什么原因导致以上的零售运营能力出现了问题？其背后的问题最终也被我们找到了，那就是公司原有的一套管理机制和背后的管理思想。要想有出色的零售管理技术和能力，那就按照零售的规律来操盘公司的这个事业才合适啊！也只有确定该公司掌握了零售业务的规律，才敢放心大胆地复制自己的成功模式。

第 2 步：挖尽瓶颈

对于这家企业而言，就是如何打造一个单店成功运用的模范，同时提炼单店运营成功的 DNA（包括店面运营的管理和专业技术如何规范化，以及后台支持系统如何构建才合适）。只有掌握了以上两方面，企业才能放心复制此零售规律模式。为此，咨询老师从以下 3 方面来重点展开工作。

系统构建：一方面，系统地对 H 公司的零售业务运作流程进行梳理和优化，有效支持店铺运作（如品牌推广操作流程，客户服务管理系统，零售业务人力资源管理系统，商品数据分析业务流程和规范，商品采购和跟单作业流程，新店选址和开张操作流程，IT 数据应用规范等）；另一方面，对店面的业务销售系统进行规范（如商品陈列规范，店面商品管理，导购员销售技巧，活动促销运作流程，店铺管理标准手册，店铺营业员培训标准等），目的是帮助 H 公司建立一套可复制的零售业务管理系统（单店运营系统 + 连锁运营后台支撑系统）。

人员训练：一个单店在已经确定位置和商品策划完毕后，接下来就是运营了。如何保证该公司每个单店的运营都可靠有效呢？我们来看下面的公式：

单店营业额＝进店人数 × 成交率 × 客单价

进店人数由谁决定？地理位置＋口碑传播＋营销策划推广。这 3 点中，关于地理位置的选择，公司制定了一套标准和流程，以杜绝各种错误的选择方法；营销策划推广由运营总部主导，根据公司的战略规划，划拨了每年每月的营销策划经费和活动项目，以店员执行政策为主；口碑传播和营业员的服务水平有密切关系，是店面员工可以直接突破的重点；客单价由市场竞争态势和公司产品的品牌定位来决定。赋予每个店铺经理适当的浮动调价权利以灵活促进销售。成交率完全由营业员的水平来决定。而且，公司希望好的成交率可以带来好的口碑传播，强买强卖是不能接受的。

为此，必须确保该公司前线店铺的销售员工都需要掌握提高成交率的技术，这是我们训练的重点，而且还需要考虑成交率背后的口碑传播。

如何训练终端营业员的销售技术？

首先你得了解，已经对你产生信任的人会拒绝你的 6 个层次；而与那些陌生人、尚不信任你的人交流，你首先得解决彼此如何建立信任的问题，为此我们总结了如下 7 个拒绝层次。

（0）不信任；

（1）不认同你提出的问题；

（2）不认同你提出问题的解决方向；

（3）不认可解决问题的方案，解决不了问题；

（4）如果按照你的方案，会出现消极效果；

（5）按照你提出的方案，执行时会出现阻碍；

（6）会出现莫名的恐惧。

我们重点训练员工掌握这个交流技巧，使得人们可以按照顺序接受我们。

（0）彼此建立信任关系；

（1）认同我们提出的问题、商品采购建议；

（2）认同我们提出问题的解决方向；

（3）认可解决问题的方案；

（4）妥善处理方案可能带来的消极效果；

（5）客户按照我们提出的方案（商品搭配方法等）决定采购；

（6）打消客户的莫名恐惧，促成买单成交。

把以上销售技术结合珠宝行业，就是将珠宝销售的过程进行流程化。也就是说，销售是可以程序化作业的，我们称之为销售的"关键时刻"。根据这个概念，把整个珠宝销售服务流程分拆为若干个服务环节，再在每个环节设立评核点，以进行全面及仔细的培训及评核。为此，将 H 公司珠宝销售的有关服务环节列出并进行严格训练。

（1）接待刚进铺的顾客（适用于站在店门的职员）；

（2）打招呼；

（3）自我介绍及与顾客建立关系；

（4）了解顾客需要；

（5）产品介绍；

（6）附加销售；

（7）回应异议 / 疑虑；

（8）引导顾客作出购买决定；

（9）结束对话过程；

（10）职员仪容；

（11）环境整洁。

通过严格落实培训和规范，在该公司打造一个业界唯一的程序式销售方法：

1.接待→2.打招呼→3.自我介绍及与客户建立关系→4.了解客户需要→

5.产品介绍→6.附加销售→7.回应异议/疑惑→8.引导客户作出购买决定→

9.结束对话过程（买单）→10.送客（售后服务的介绍，品牌强化）

（职业礼仪规范训练和示范，及环境整洁予以支持）

首先为 H 公司打造 7 个示范店（核心目标城市），并结合后台体系打造出可以复制的连锁运作模式。

提高进店人数的方法有以下几步。

第一步，规范该公司如何找店址：明确什么样的店址才是我们想要的，确定标准再集中执行。

第二步，一旦地点确定，那就要引客了，企业有无一套"吸引客户"的成功策略，是解决店铺人流量的重要工作。为此，咨询团队和该公司营销策划部门策划了上百套"引客"策略和实施方案，交叉使用在不同地区、不同季节、不同单店。同时，以此为基础进行不断变化以产生更多的吸引客户的活动和方案，效果非常好。

第 3 步：迁就瓶颈

（1）公司研发部门的工作流程调整为，根据品牌推广部门的策略和商品数据分享系统的成果来思考公司的产品研发计划（旧有的做法是研发部门人员凭借个人专业水平研发自认为不错的产品，打出样板给市场部门推广），适当结合本部门的研究成果。

（2）人力资源总部根据工作向销售倾斜的规划，直接将本部门的人事管理模块变更为一线销售人事中心和总部人事中心两个动作，培训也按照需求调整为两部分。这样做的好处是可以最快地响应前线业务部门的需求。

（3）对公司总部的支援系统如物资供应、电脑管理、软件管理、数据分析、物流配送管理等部门的工作时间进行调整，按照一线连锁店销售部门的作业时间配合操作，其他部门当然可以遵守正常的 8 小时作业安排。

第 4 步：打破瓶颈

（1）打造好旗舰示范店后，通过总结完善，进一步规范了新店运营的全过程（开店，促销，日常运营标准化，优质售后服务），公司即按照新的要求投入更多人力和物力增加开新店；公司的销售稳步增长，关店的事件越来越少；到了此环节也算是该公司的零售事业之 DNA 打造完成，接下来就该快速复制了。

（2）公司成立督导部门，主要负责使新店开张的头半年的运作快速进入标准化，有力地辅助新开店的店长稳定局面，业绩飘红。

（3）公司成立连锁加盟运营中心，在一些二三线城市大力发展加盟店，利用自身提炼的单店运作复制系统快速复制，效果明显。

第 5 步：回头

经过前面的一轮作业下来，我们发现，该公司的开店速度和新店成功率（半年内业务达到平均水平）都不错。至于关店，记得当年没有发生过。

不过，随着店铺的增加，公司的周转资金日渐紧张，什么原因呢？我们经过查证，发现公司的商品组合有些问题。比如，一些店铺黄金货品偏多，这类货品毛利率低下，占用资金大，且一些店铺好卖的商品出现断货，而相同的款式在另外一个店铺里面却有堆积。于是，我们开始新的一轮 DNA 提炼作业：

规范不同商品的周转率标准（最低可忍受的时间段），凡是到期无法完成销售的，必须进行店铺间的转货或退货至总部配送中心，经过清洗后重新再销售。

商品分析系统升级，商品标签技术提升，商品组合优化，区分明星产品、金牛产品、瘦狗产品、淘汰商品的分类；将原来每月一次的数据综合分析改为每周分析一次；每日对关键单品进行跟踪，对新品进行跟踪……

要求前线运营的单店，必须每日自我分析本店商品动态，并向总部汇报商品的销售态势，根据每周、每一次销售态势分析，随机调整坪效低下的产品布局，灵活进行商品陈列。对于总部给到分店的商品陈列规范其统一的大形象，细节部分不同店铺可以适当灵活安排。

建立一个城市内不同店铺的商品流转（快速调拨）方法、跨城市或跨区域的商品流转方法；同时打通工厂和前线销售系统，工厂和采购部门可以根据每个店铺的缺货情况（已销售货品状况）实行"卖一补一"原则，当然也需要兼顾物流费用成本的分摊。这种新的拉式补货作业使得公司的滞销品较往年也下降了不少。

以上的几个调整使得公司的商品平均周转率由过去的 120 天缩短到 90 天，部分商品 30 天即可实现周转，资金使用效率明显提高。另一个好处就是缺货现象大大降低，也省去了不必要的采购作业。

此项目花费咨询时长近一年之久，我们成功地打造了一个优秀的零售业务管理团队和零售业务运作模式，公司按照新的方法进行连锁店扩张作业进展非常顺利。在某个特别时段，一个月之内该公司取得了在全国各大商圈同时成功开新店达到 18 家的优秀业绩。一年下来，该公司新开店达到 50 家；3 年后，该公司的开店数量接近 200 家，而单店平均营业额每年接近 400 万元。另外，加盟系统的开店也从零开始逐步达到 100 家以上，品牌效果和经济效益明显。

经历类似这样的企业咨询后，我们发现，企业在发展阶段，如果没有有效提炼可复制的成功因素 DNA，就开始盲目扩张开店，则企业规模越大，控制力越差，风险也越大，业绩也得不到有效保障；若企业经过 DNA 提炼打造后再进行稳健复制，则可以做到可控、有效、可持续。

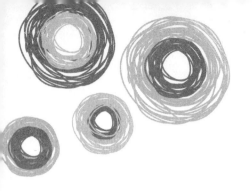
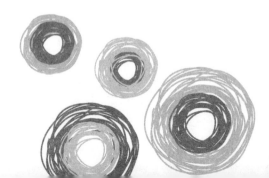

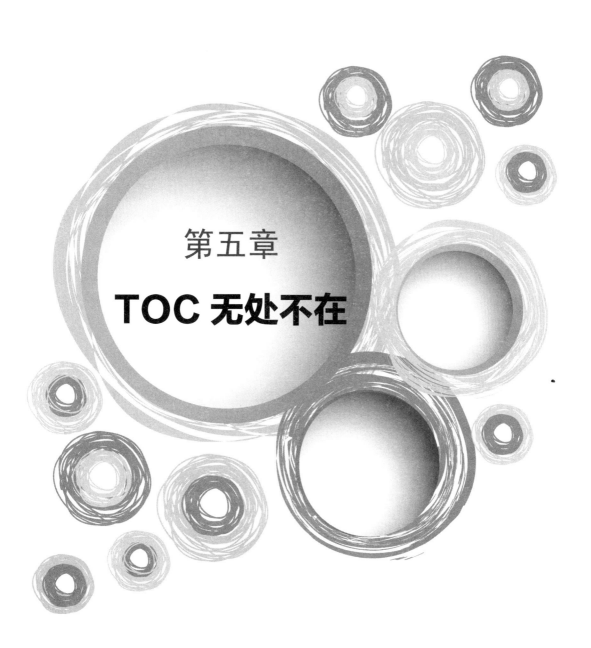

第五章

TOC 无处不在

1. 大道至简　人性本善

自从 TOC 引入中国以来，针对此理论的争论就没有停止过。在西方，此理论已经成功指引企业运转了 40 载；而在中国，该理论的普及并不太顺利。在中国推广此理论不力的原因如下。

- 中国人不擅长逻辑思维？

- 中国缺乏一批专注于此的专家学者？

- 中国缺乏一些将 **TOC** 理论用于实战的专家？

- 有关 **TOC** 的推广书籍太少？

- 作为一名智力工作者，为何不就此作出改变呢？

我们一起来看看这些理由真的成立吗？

（1）中国人不擅长逻辑思维？此话符合现状吗？虽然此门学问作为一门学科进入中国是在清代的事情，算来也有 100 多年了。而且今日的中国在数学方面的人才或华人世界的诺贝尔物理奖项的得主也不在少数。华罗庚、李政道、杨振宁、陈景润、钱学森、钱三强……华人世界的科学家早已盛名享誉世界。我以为，那些开口闭口就说"中国人不擅长逻辑思维"的人是否有些不负责任呢？

（2）中国缺乏一批专注于此的专家学者？自高德拉特先生首次提出 TOC 理论至今，国内的 TOC 爱好者、TOC 应用单位大多从外资企业、港澳地区培训单位获悉此类内容，国内华中科技大学、河北工业大学等少数大学在工商管理课程教学中有研究此类内容。有关 TOC 的研究学会也确实不多，当前，活跃在 TOC 讲坛的多为港、台地区人士。

（3）中国缺乏一些将 TOC 理论用于实战的专家？在企业决定实施 TOC 的理论指导自身运营时，可以说，企业也同时在培养 TOC 的应用专家，但企业的应用专家可否将自己企业的应用经验对外进行友好分享呢？迫于现在企业的竞争现状，似乎企业在此方面进行特别努力的动机不足，这确实是我们的现状所在。那么，谁可以承担这些推广的责任呢？答案是第三方智库组织，独立的研究专家、学者，长期从事 TOC 管理咨询的第一线咨询力量。

（4）关于 TOC 的专业推广书籍太少？目前市面上专门针对 TOC 的专业书籍不到 10 种，大多为翻译舶来品，没有和中国本土实践相结合，这样的情况对中国的 TOC 推广工作来说确实很糟糕。随着本书的出现，希望更多专家将高高在上的 TOC 从云端拉回地面，和更多企业相结合，为企业带来新的生命力。

我们一起来回顾一下中华先贤的哲学

中国古代著名的思想家、哲学家老子在《道德经》里早就提及"大道至简"，意思是任何高深的"道"都是用一些看似"简单"的原理就可以表述清晰，人们不要把事情看得太复杂；另一位伟大的先贤哲人孔子也提出了"人性本善，勿以善小而不为，勿以恶小而为之"的观点。以上两位哲人的观点和英国的牛顿提到的"世界是简单和谐的"有异曲同工之妙。今日的 TOC，似乎也继承了人类先贤的哲学思维，坚持"世界是简单的"的观念，坚持"内敛、双赢、尊重"的价值观念。如果世人在这方面大力倡导并身体力行且将此价值观作为处世之态度，来化解不必要的冲突，则世界也许会少去不少战乱纷争！

TOC 在非营利组织及公共机构的应用

TOC 的应用范围不仅仅局限于企业，在一些社会组织、学校、政府组织的日常运营中，同样可以有效使用 TOC 的思维进行科学的统筹管控。看看下面的案例吧！

+++

案例：TOC 在社会组织的有效运用

TOC 的发展理念借鉴了一个基本的市场营销学范畴的定义——市场细分，说的是企业要在社会上生存和发展，首先必须进行市场细分（也即企业要弄明白自己到底为谁提供有价值的产品和服务，通过细分市场后找到自己的市场定位），然后考虑其他关于战略、发展目标、团队打造等。那么，这个理论是否可以应用在社会组织身上呢？我们说，任何一个组织，只要有特定服务的群体，需要为群体提供某种商品或服务价值，那么它就可以应用这个概念，沿着此定义的外延进行思考，我们可以进一步探讨这些社会组织的存在是否真的为其客户群体提供了有效价值服务。下面我们应用一个同学会的工作来分享这个定义的有效应用。

中国某著名大学的南方某 MBA 同学会组织已经成立 3 年有余，该同学会会员为自己创业的企业家或在知名企业担任高管的职业人士为主，也有少数公务员。自成立到 2010 年已有 4 年时间，同学会的工作一直被同学们抱怨得厉害，同学会的领导们自认为很受委屈，甚至认为自己里外不是人，工作难做；而这些同学会的领导大多是成功企业家才被推选上去的。自己的企业做得响当当，同学会的工作却弄不好，被同学们责备，企业家们当然不乐意了。他们下定决心要改变这样的现实，大家已经就此达成了一致的想法。那么，要怎样改变同学会在同学们心中的不好印象呢？

（1）问题出在哪里？经过我们咨询团队的深入走访、调研，发现同学们抱怨同学会的问题主要表现如下。

1）同学会的领导不尊重同学，有些同学的企业发展慢，企业规模小，这些同学经济实力弱，因而这些同学似乎不受尊重；

2）同学们渴望在同学会实现资源整合、互补，同学之间可以相互做生意，但现在同学会在这方面没有什么有效的活动支持到同学；

3）每个同学所在班级只有几十人，毕业后除本班同学有联系外，其他班级的同学很多不认识，希望借同学会认识更多同学，大家结交友谊，共同发展；

4）有些同学希望在这个平台得到融资机会或投资机会，但对每个同学的企业情况不太了解，缺乏信任，同学会在这方面是否可以帮到我们？等等。

进行汇总分析后，咨询团队提炼出同学的诉求实际就是 3 点：继续同学情谊，促进同学之间的合作，谋求发展、提速多赢。

（2）至于解决问题，我们就用市场细分的策略来逐步展开行动。

1）同学会的定位：既然同学们都如此表达，那顺应众意直接将同学会定位为一个为大家的企业和个人发展提供良好的信息交流平台、资源整合平台、友谊长青之平台就再好不过了。

2）同学会的启动策划：由于创立之初，各同学的企业情况不同，如何启动呢？我们说服校方来主动操作此项目：同学会作为一个资源整合载体也好，作为平台也好，和校方都是有关系的。同学会运作得好，对校方是锦上添花；运作得不好，则直接损害了校方荣誉。况且，全国上万名的同学，也只有校方才有最快整合同学信息的能力。所以，校方拿出启动资金来办同学会就理所当然了。

3）同学会项目的运作启动：我们知道，同学会的运作需要会费或资金捐赠，没有资金启动，同学会就会出现无米之炊的情形，怎么办？

当大家提出这个问题时，一些同学代表就提出了一个更实际的问题：如果同学会没有什么价值，我凭什么捐款给同学会呢？如果同学会不能解决我的需求，我没有理由缴纳会费啊？

为此，设计符合大家需求的有价值的产品和服务就要放在首位了。设计什么产品和服务呢？当然是要能满足大家的需要，具体内容如下。

建立信息推介网站，把全国各地不同地区的同学的采购需求和销售需求放在一个大家都可以直接看到的网上（当然，不是同学的朋友就别进入了，同学会需要保证圈子的纯洁性）；

和小额贷款公司、银行、担保集团联合推出一款符合中小企业快速融资的金融产品，大家表示这个主意不错；

设立专门的模块把和各同学有关的投资项目信息公开给全国的同学知悉；

设立一个大家可以快速交流的同学私密交流App（同学通讯录系统），并且利用网上网下做成一个相对独立的同学圈子，对此大家普遍反映很喜欢。

当然，为了实现更广阔的交流，可以建立不同地区的同学相互交流合作的机制，每年至少安排2次到异地同学的企业去参观考察，这个建议也得到了大家的赞成。

能不能嫁接学校资源，让同学会中很多已经毕业的同学可以知道最新的经济形势和政策更新？当然可以，为此同学会专门策划了一个高大上的产品——年度高端论坛，会员都是免费参加，不少同学表示乐意赞助论坛。

4）以上种种措施，使得不仅同一个地区的同学可以进行快速交流，跨地区的同学也可以适当展开季节性交流互访活动。这样一来，请同学们缴纳会费的问题就解决了。

5）关于同学之间情感维系的问题，有同学会定期的年度地区同学大会、班级定期活动会，另外，组建不同爱好的同学俱乐部搞活动也是一种方式，跨地区年度互访、结合年度高端大论坛的活动，这些足以让不同地区的同学笑开了花。

6）当然，关于同学会的领导模式也需要变革：不是有钱的同学才有资格做同学会的领导。我们重新定义"同学会领导"，同学会领导只是服务同学的一种特别身份，为此，我们制定了严格的同学会理事会议的产生程序和同学会理事会议的工作程序，凡是换届选举票选落选的同学，就不要再出现在同学会的会长、副会长名册上了，不能服务同学的企业家，就需要做好角色确认，大家共同用好同学会即可。

7）最后，当校方把这一切启动策划和首届同学会领导班子（当然是由众同学选举出来的同学会领导）确定好后，就可以配合同学会的日常工作了，至于主角就留给同学们自己就好了。

8）当然，为了保证校方和同学之间良好的互动合作，同学会和校方都设置了秘书处这个部门，相互配合，以实现信息交流无障碍，使活动开展起来也更顺畅。

一番变革下来，这个同学会办得有声有色，成了一个成功的操作案例。我们需要确定某个组织（如社会组织）的定位后，做好细分区别，才好规划出所属社会成员需要的有价值的服务，相信这个案例可以帮助你理解社会组织的日常工作管理需要如何开展。

++

案例：TOC 在政府机构的有效运用

当前，政府改革的声音和力度都很大，服务型政府呼之欲出，但改革过程中伴随着大量反对的意见和信息，甚至一些地方出现了改革又走回头路的状况。TOC 在政府部门的有效运用也有多个不同案例分享，以下分享的中国南方某地级市的招商局就是一个典型的例子。

中国南方某发达省份的一个地级市，为了加快吸引外资的步伐，专门成立了招商局，其目标就是：推广本地优惠招商政策，吸引外资前来投资办企业，增加本地税收和经济增长。但在工作过程中，该单位领导发现：不少前期签署了投资意向书的客户并没有在随后运作实际投资，招商局领导认为自己的工作业绩打了水漂，当然不开心；于是该单位安排专人进行摸底调查，得出的客商不投资的原因如下（排名前三位问题）。

（1）担心税收等优惠政策发生变化，政府承诺不兑现。

（2）和该招商单位签约意向书后，客户来该城市做投资前期调查，发现要把项目完全落实下来需要找 20 多个部门盖章，很是辛苦。

（3）该招商局承诺的不少项目属于大型基础建设配套工程，客商认为该单位没有能力承诺如此大型的项目，更担心以后自己的企业来了不好再搬迁；而配套基础工程（如路政、水电等）一旦实施不到位，会直接影响自己企业的战略实施。

面对这样的情况，该城市的招商局要如何面对呢？

我们都知道，政府是受国家法律之约定，履行属地行政之职责，而发展当地经济也是其行政职责之一。政府背负多个社会管理职责，其中的这个招商职责应如何履行呢？

碰到这样的问题，不由得考虑"权力"之政府和"服务"之政府。如果以政府之权力，似乎可以调动各种社会资源来满足其经济发展需要，但面对一个个市场经济个体的"企业"，权力有时也没有任何力量可言。在市场经济条件下，企业更多优先关注自身的生存问题和持续发展问题。如果一个企业来到某地投资兴业却没有得到良好发展，最后市场就会淘汰那些无法适应的企业。而政府在这方面并没有足够的力量去帮每一个企业开展业务，政府更多的是在宏观调节方面起到引导作用而已……

我们现在确定该市的招商局有招商的职能，那么，被招的这些"商"就是客户了，对吗？如果你无法满足这些"商"也就是企业的需求，那么，这些企业也就会放弃这个地方去发展其他了。那么，如何解决这些企业的困惑和问题呢？

在 TOC 理论中有个著名的"黑手党提案"五步作业模式，可用来解决企业如何吸引客户的烦恼，简单描述如下。

第 1 步，找出行业给客户带来的痛苦；

第 2 步，将客户的痛苦与行业规则联系起来；

第 3 步，改变行业规则，构建黑手党提案；

第 4 步，消除黑手党提案对自己的风险；

第 5 步，回到第一步。

大家或许会说，这和这家招商局有什么关系呢？咨询团队巧妙地将这个模式移植到该招商局，变成了如下思考步骤。

第 1 步，找出政府部门（和企业发展有密切联系的所有部门）给企业发展带来的负面影响（痛苦）。

第 2 步，将企业发展受到的困扰（痛苦）与政府部门制定的规则（包括不同政府部门制定的规则之间的矛盾，政策之间的打架现象）联系起来。

第3步，改变政府（含各不同级别的所辖下属单位）制定的规则，构建一个吸引客户前来投资发展的良好政策环境和执行政策的好环境（黑手党提案）。

第4步，检讨政府调整各种招商政策和有利于企业发展的政策后，对政府自身的成长有无负面影响（有些政策和管理规章需要呈请上级单位协调处理）。

第5步，回到第一步，持续检讨本地的招商政策和与之配套的税收，行政政策；调整部门分工，减少政府对企业的负面干扰，持续改进之。

看了以上策略，大家感觉如何？当然，关键要看如何落实。接下来，我们就来看看咨询成果。

（1）该市成立了一个独立的区级（后升级为省级）科技工业园，在地域上框定企业投资的地理位置，在投资项目选择上确定范围，并全球发布官方信息。

（2）成立独立的科技工业园管委会，统辖辖区内所有有关企业投资、注册等事宜，企业的婆家直接由多个变为一个。

（3）由管委会协调多个其他商务部门如银行，医疗、卫生、培训、劳动监管、餐饮等多个管理部门和企业在园区特别位置设置配套办事服务点，引导企业快速进入正常生产和营运。

（4）该管委会的负责人直接由和企业商务发展相关的有关部门负责人兼任，设置若干副职由相关政府机构领导任职，且设置专职副主任现场办公，快速解决企业提出的各种涉及到政策的问题，企业以后有困难基本不出园区就能得到回复。

（5）将该市原来招商局全部人马和管委会组织机构合并为一套管理系统，做到招商、投资落地、企业服务等一条龙服务，最大程度地减少企业前期投资的多套信息处理、人员处理等，政府职能也得到了简化。

（6）为解决企业担心的政策"多变"的疑惑，该市由工业园管委会牵头发起议案，在市的两会上将相关的政策转换为当地的"法规性文件"；对需要上报的责成有关部门上报省级部门协调处理，得到官方正式批复件后，该工业园管委会将这些信息、法规、政策等全部进行信息公开；让政策变成"阳光政策"，让招商变成"阳光招商"，让工业园管理变成"阳光行政"。

经过不断的变革和调整：管委会从一个政策传递部门转换为服务企业的"大管家"，也就是大家常说的服务型政府派出机构，该园区的招商入驻率达到了规划时的 100%（更多的企业想进园区，但总规划面积有限）；而且该园区管委会多年来被评选为企业最受欢迎的政府单位之一，实在值得推崇。

当然，政府变革的道路依旧任重道远，本案例算是为政府职能变革和发展提供一点借鉴。政府只有真正在意识上认识到自己的角色和定位，全国服务型政府的时代才会来临。我们相信，TOC 在政府机构的灵活运用不仅仅如此，期待更多的精彩案例分享给我们这个社会。

除了以上提及的这些单位，在学校、医院等组织里，TOC 都可以得到有效的专业应用，我们也期待更多的 TOC 应用专家将自身心得通过各种有效方式呈献给企业和社会，让社会的运营效率得到提升，社会运营成本得到有效下降……

+++

2. TOC 中国化任重道远

➕ TOC 的升华

在我多年的咨询生涯中，得益于 TOC 的帮助，我看到了该理论在应用与不同环境中的适当改变。为此，希望更多专家学者能参与其中，对 TOC 的发展做进一步的阐释。我们也期待在本书修订版中可以看到更多 TOC 应用专家奉献的专业版咨询成果，分享于大众面前。

同时，我们在对当初引进的 TOC 工具进行独立客观的分析后，也发现了一些应用中的问题。如不少老师喜欢直接采用 TOC 的所谓"三大行业模板"、8 种不同专业领域的"实战方案"、企业的 4 年可行愿景（VV），但是大家有无考虑到当初提出这些方案的营商环境和今日大不相同。今日的互联网思维对太多的行业运营产生了巨大冲击，再生搬硬套采用当年的所谓成功模式恐怕有些不合适，不少 TOC 应用老师在此也吃过不少苦头。我建议大家记住高德拉特的建议：TOC 的理论还需要大家不断完善，持续改进之……

为此，我特提出新的基于 TOC 理论的升级思考模型：TOC（2.0 版本）。在原有理论基础上，两者有明显的两点区别，描述如下。

★ 区别一：

TOC1.0： 瓶颈阻碍了系统的有效产出，通过对瓶颈的能力的释放，解放系统的生产力。

TOC1.0 的焦点： 关注企业发展过程中的"天花板"问题，没有系统关注构成该系统的基础元素的基础作用：即系统的整体性质决定了个体（少数瓶颈点）的本质，而瓶颈点作为系统的子体又对系统整体的产出产生重大影响。

瓶颈管理 TOC2.0： 我们必须先承认系统的整体本质特征，再思考影响系统的关键因子（少数瓶颈点）；而分析和把握企业系统整体特征的工作属于理解和掌握该系统（如企业等组织）的存在之道，待系统存活后再思考阻碍企业发展障碍的关键因子（瓶颈）对系统的影响，并采取系统性措施解决。

TOC2.0 观点： 正如一个链条（价值链或价值链的集合），我们必须先思考链条的整体属性和特点，再深入研究链条上的薄弱环节对链条强度造成的影响。

- 抛开整体属性去狭隘地关注瓶颈，只会盲人摸象而已！

TOC2.0 认为：不考虑系统的整体本质特征而仅仅考虑瓶颈对系统的影响，是舍本求末的思维。

- 脱离事物整体属性而仅仅关注孤立的关键因子，则必然会犯以点代面、盲人摸象的错误认识，也不利于问题的真正解决；组织只有先考虑整体属性、再考虑个体（局部的瓶颈点或非瓶颈点）的属性才能做到系统思维、整体判断，进而采取正确的解决问题的方式和方法。

- 而一旦此环节得到正确实施后，再利用瓶颈理论的方法和工具针对性地解决企业发展的瓶颈问题则顺理成章。

- 以上思维应用在企业中解决各种企业管理和发展问题非常合适，企业是一个链条形态的组织，多个链条交织在一起构成了企业系统，而不同企业间的链条又构成了供应链系统、产业链系统、经济生态链系统；无论构成多么复杂的系统，在分析出该系统的整体属性后，进而找到系统的瓶颈点，在深入研究链条上的薄弱环节对链条强度造成的影响的基础上，找出其真实原因，采取措施破解。企业依次持续循环，不断改善，则基业长青。

★ 区别二：

TOC1.0：人是达成目标的关键性资源，如何通过政策改变人的行为，使得企业员工可以最大限度地发挥其生产积极性进而促进企业的整体产出？它认为采用基于双赢思维和以企业整体绩效为核心考核指标的方法可以解决此问题。

焦点：关注考核，关注人的负面影响因子，相信人性本善，以整体指标替代传统的局部思维的考核指标。

瓶颈管理 TOC2.0：仅仅依靠双赢思维的、以企业整体绩效为考核指标体系的方法不足以完全激发人的能动性。

　　企业需更多关注员工行为背后的价值观，以及这个价值观和企业价值观的匹配度。

- 如果匹配度高，则员工行动积极性高，反之则低下。

- 因此，站在企业整体思考的角度，企业应首先注重以企业价值观为核心的企业健康文化的打造，只有符合社会普世价值的价值观的企业才能够为社会创造正面的价值；同时，企业需用正面的价值观去影响企业内团队成员的思想和观念。

- 反之，一些仅仅追逐经济利益而不顾社会道德，甚至违背人类社会基本伦理道德的企业，其员工的行为只会受到来自社会道德和其他多方面积极因素的影响，此等不顾社会道德的企业，其发展也必然不可能长久。

- 而瓶颈管理理论 TOC2.0 的支持者、该理论的从业人员也不会去此等企业从事任何咨询辅导及培训等活动；

　　因此，我首次在业界提出：瓶颈管理创新理论、方法和工具（TOC2.0）。

✚ TOC 中国化任重道远

　　作为一名从业多年的管理咨询从业人员，我认为用"大道至简、人性本善"来总结瓶颈管理 TOC2.0 的理论根基是再好不过了。中国古代先贤文化和来自西方的管理理论在此有机融合，可见，人类的伟大智慧都是相通的。然而，中国的很多领域至今尚未接触过此理论工具，还有太多的社会人士尤其是从事企业管理和社会组织运营的领导者尚未使用如此简洁有效的理论工具指导本组织的发展，如工业机器人产业。该产业最近几年备受制造业期待，受制于中国的劳动力价值提高，而机器人产业的研发是一个多种技术高度集成的项目任务集合。据悉，某些 TOC 爱好者们对此行业的某些企业正进行瓶颈管理在项目开发的实际应用研究，这对提高中国先进制造业的管理水平无疑是一大促进。

利用当今最前沿的沟通技术和纸质媒体来推动瓶颈管理 TOC2.0 在中国的普及是再好不过的方式。希望本书能够对瓶颈管理的社会化应用产生新的价值点。在此，我也期待更多的 TOC 理论应用人员关注此理论的发展，以期更好地服务社会。

TOC 中国化的前途是光明的，但任重道远！

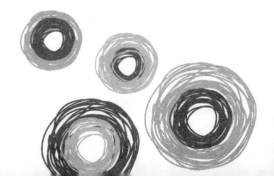

后记

我铭记这句话：创新的天空没有极限，求真知的愿望和行动永不停止。

本书得以顺利出版，实乃各位企业家朋友之感召。

我在编写本书之初，有个迫切的愿望，就是希望中国的企业家可以用最小的成本就能够掌握这套简单有效的管理工具，让瓶颈管理 TOC2.0 快速融入中国社会。好的理论不应该仅仅是象牙塔上的明珠，我们需要用理论指导社会进步，这才有真正的社会价值。让好的管理思想改变中国企业，这实在是一个管理咨询师的最高境界。

彼得·德鲁克曾经说过：咨询的最终目的就是改变人们的生活品质。我坚信，中国的管理咨询从业者们也会大力推动中国的企业管理水平持续提升，力助更多中国企业的品牌屹立于世界之巅。中国需要更多的华为、中兴、小米、360、腾讯……

当然，学无涯。受本人思维、经验的限制，本书或许某些内容尚未得到读者的认可，我期待下一次的更新。本书侧重瓶颈管理 TOC2.0 的企业实战案例分析，正如毛主席说过的"解剖麻雀……找到事物的本来面貌……"有关我在咨询这些项目中的深度思维过程、逻辑判断的体会、在咨询过程中帮助企业建立的企业内部管控改善的思考过程等，期待在未来的咨询生涯里继续总结提高，希望在下一次的书籍出版中能分享给各位 TOC 管理工具的爱好者及亲爱的读者。我愿以持续学习、不断创新的思想为中国企业的健康成长奉献余生。

我坚信：大道至简，人性本善！

非常感谢对本书的编辑和出版做出特别贡献的朋友和家人！

吕润贤